公衆サウナの国フィンランド

街と人をあたためる、古くて新しいサードプレイス

こばやしあやな

［クルットゥーリサウナ］（p.103）のネオン

学芸出版社

はじめに

筆者が初めてサウナというものを体験したのは、周りよりずいぶん遅い人生初の海外旅行で、フィンランドを単身で訪ねた、二一歳のときでした。オーケストラ活動にのめり込んでいた高校時代に、シベリウスという国民的作曲家の音楽世界に強く感化されたのが、この国を選んだきっかけです。学生時代は世界史も英語も大嫌いで、一生海外に縁を持たないつもりだと周りに豪語していたほどでした。けれど人生でただ一回だけ、ものは試しにどこか異国の地に行ってみるとしたら、シベリウス音楽の生まれた地であるフィンランドの森かなあと、ぼんやり目論んでいたのです。

国土の七割が森林で一割が湖沼という、古代と変わらぬ自然豊かな風土を維持しながらも、今日では教育福祉からテクノロジーまで、さまざまな分野での先進性が注目される、北欧フィンランド。二〇一七年にようやく独立一〇〇周年を迎えたばかりの、まだまだ若き小国家ですが、二〇一八年には世界幸福度ランキングでなんと首位を獲得。極北のどこよりも厳しい環境下で暮らすにもかかわらず、人びとの日々の生活の充実度が高いわけに、いま世界の関心が集まっています。

ついでながら今年二〇一九年は、フィンランドと日本の外交関係樹立一〇〇周年にあたる年。日本がいち早くフィンランドに国家の承認を与えたのを機に初代公使が派遣され、まもなく交易も開始されたのだそうです。「フィンランド人が親日的なのは、日本が日露戦争に勝ったからだ」なんて眉唾もののエピソードが日本ではよく聞かれますが、筆者が日本人だと聞くと、初対面のフィンランド人はむしろよくこうコメントします。

「日本にはすごく親近感を感じているよ。だってそもそも、われわれの国の間にはたった一国しか挟んでないのだから」

話を筆者の初フィンランド・サウナ体験談に戻しましょう。二〇〇五年当時、北欧デザインの人気や、教育水準の高さを裏付ける世界調査の結果、そしてなにより映画「かもめ食堂」のヒットで、フィンランドという国は日本でにわかに空前の注目を集めていました。とはいえ手に入る観光情報はいまと比べてまだ圧倒的に乏しく、書店ではガイド本すら見当たりませんでした。

インターネットから得た心もとない英語の情報を頼りに、日本から約一〇時間のフライトとさらなる電車移動の末にたどり着いたのは、望みどおり、いやそれ以上に本格的すぎて怯んでしまうような、針葉樹の森と湖と畑しか目に映らない片田舎の農場でした。もっとも、季節はまだ雪解けの一歩手前で、農地も凍った湖面も、見分けのつかない真っ白な雪原でしかありませんでしたが。ここで夏には花を一斉収穫し、ドライフラワーにして売って生計を立てているという、まさにメルヘンを地で行く一人暮らしのおじいちゃんのお家にステイをさせてもらうことに。日中は、釣りに始まるご飯準備や、家畜の世話などを手伝っていました。

首都の水辺にできたウェルネスリゾート［ロウリュ］（p.109）

彼は農場の先の湖畔に、かつて自分で建てた自慢のサウナ小屋を所有していました。煤けた煙突の載っかった、雪景色に映えるベンガラ色の簡素な木造小屋。サウナ室の前室として、暖炉をロッキングチェアが囲む小さなリビングがありました。ここで毎晩軽くおじいちゃんの晩酌に付き合ってから、脱衣し、薪焚きのサウナと眼前の凍った湖に繰り返し二時間近く、二人(と猫一匹)で入って過ごすのが就寝前の日課でした。

素っ裸でただ蒸気を浴びるという入浴法の斬新さと、その思いがけない心地よさ。サウナ室の中でなら、不思議とテンポよくはずむ会話。極寒の屋外で、バスタオル一枚という笑っちゃうくらい無防備な姿で見上げた、半球の夜空にびっしりと瞬く星たち……。無鉄砲に彼らの常識の世界に飛び込み、その真髄を共有することができたのは、初めての海外旅だったからこそかもしれません。

とにかく、あのとびきりのサウナ原体験の旅を経て、これで公約上はもう二度と国外には出ないはずだった筆者ですが、恥ずかしながらそのすぐ翌年に一年間の留学が決まり、あっさりとフィンランドに舞い戻ってきてしまいます。そのとき、同じゼミにいたもう一人の日本人学生が大阪の老舗銭湯の息子だったので、サウナ三昧の留学生活からの帰国後は、よく彼の実家のお風呂屋さんに浸かりに行っていました。そのうち今度は、それまでの人生でまったく見向きもしなかった、日本の銭湯文化に関心を寄せていくことになります。

とくに就職を機に上京してからは、自宅の浴槽に湯を張ることはほとんどなく、もっぱら自宅や会社の近所の浴場に通い、週末はさらに遠出をして見知らぬ街の銭湯建築めぐりに精を出す日々。友達もあまりおらず心細い東京一人暮らしにおいて、銭湯通いの意義は、ハードな仕事の疲れをさっぱり癒やしてくれるだけではありませんでした。それとなく他人の生活感を肌で感じられ、居合わせた人と同じ湯に浸かりたわいない会話を交わすことで、不思議と安心感や、その街に居場所を見つけた喜びを感じられる場所。それはまるで、地域住民がひとつの大きな家族で、その家族が共同生活をする家のお風呂こそが銭湯であるかのような感覚でした。

二〇一一年秋、筆者は大学院への社会人入学を機に再度、お風呂の国からサウナの国フィンランドへと移住してきて、いまに至ります。そして、偶然にもちょうどその移住時期こそが、のちに筆者の研究テーマとなる「公衆サウナ（yleinen sauna）」が、都市部でにわかに再注目を集め始めた、フィンランドのサウナ文化の新たな転換期でした。

公衆サウナとは、一九世紀以降にフィンランド都市部で流行った、人びとがお金を払ってサウナに入りに来る民営の公衆浴場のこと。いわば、フィンランド版の銭湯です。もともと、高度成長期に都市部に移ってきた人びとの公衆衛生を守る、インフラとして機能していた公衆サウナですが、都市の変化やオイルショックなどを背景に、ほとんどの店舗が廃業に追いやられました。ヘルシンキ市内には、ピーク時に少なくとも一二〇軒以上の店舗がありましたが、前世紀から営業の続く老舗公衆サウナは、いまや市内にたった三軒しか残っていないのが現状です。

［ラヤポルッティ・サウナ］(p.73)の中庭で外気浴を楽しむ人びと

［ロウリュ］の姉妹施設、［クーマ］（p.115）のスモークサウナ室

ところが二〇一〇年を過ぎてから、首都ヘルシンキを中心に、「公衆サウナ」を名乗る新しい施設のオープンがにわかに相次ぎました。さらには、古臭いイメージしかなかった老舗公衆サウナまでもが観光局によって盛大にＰＲされ、やがて地元の若者たちや観光客が積極的に集う新現象を生み始めたのです。実は、筆者はこの現象が表面化するまで、公衆サウナの存在すら知る由もありませんでした。だから、こんなにも銭湯によく似た公衆浴場文化がフィンランドにもあったなんて!!と心躍らせると同時に、いまなぜ、フィンランドの街で公衆サウナが再興しつつあるのかという点に、にわかに関心が湧いてきたのです。もしその理由が解明できたら、いま日本の都市部でも急速に店舗数を減らしつつある、愛すべき銭湯文化の再活性化にもなにか活かせるのではないか、とも……。

本書は、こうした経緯からご当地フィンランドで公衆サウナ研究を始めた筆者が、フィンランドの公衆サウナが現代の街づくりに果たす役割について、日本人向けに紹介する一冊です。筆者が二〇一五年に現地語で提出した修士論文の調査・考察内容をベースに、新たに昨今の公衆サウナ・ルネッサンス現象に貢献した六人の立役者たちのインタビュー取材をおこない、三章に収録しました。公衆サウナをめぐって、この国の都市部でいままさに起きつつある最新の変化を知ることで、日本のみなさんが、郷土の誇るべき浴場文化と街と人との関係を考え直すきっかけを掴んでくだされば、嬉しいです。

仕事上がりに［ソンパサウナ］（p.121）へ汗をかきに来たというヘルシンキ市民

［ソンパサウナ］（p.121）の前に広がるヘルシンキ湾でのクールダウン

都心から程近い島の一角にある[ソンパサウナ]。利用者みずからが運営する

［ラヤポルッティ・サウナ］(p.73)の看板(上)と空き缶空き瓶の回収箱(下)

序章
フィンランド・サウナのいろは

日本のサウナとこんなに違う／日本のお風呂とこんなに似てる

自然のなかでのクールダウン　身体の冷却だけでなく、この解放感や大自然との一体感がフィンランド流の「ととのい」法なのかもしれない

国によってまったく異なる、サウナの常識とスタイル

サウナ（sauna）とは、古来フィンランドの地に根付く熱気浴のことです。けれど、具体的な発祥年代や民族の特定は難しく、フィンランドがサウナの発祥国だと言い切ってしまうのは詭弁というもの。同類の入浴方法は、その呼び名こそ違えど、現在のフィンランド国土内に限らず、例えばロシアやバルト海沿岸の諸地域にも先史時代から存在していたのです。

ともあれ、saunaという呼び名は世界でもっとも広くよく知られたフィンランド語の単語であり、いまや世界各地で同類の熱気浴法の代名詞として認知されていることは、疑う余地がありません。さらに今日では、各国で独自のスタイルや趣向を融合させたオリジナルのサウナ文化が形成され、世界中にかつてなく愛好家人口が増えているのも事実です。

昨今、日本にも空前のサウナブームが到来し、次々に関連施設やビジネスが生まれて、それらを盛りたてる熱心な愛好家たちのコミュニティが拡大しています。ただ、当然ながらジャパン・サウナとフィンランド・サウナとの間にも相違点は多く、しばしば決定的な誤解も見受けられます。本章では、「フィンランドの公衆サウナ」というニッチなテーマの議論を始める前に、まずはフィンランドのサウナ文化を特徴づけるエッセンスや基本作法、そして現代のフィンランド人のサウナ観を、見渡しておきましょう。

サウナ小屋から見えるオーローラ　冬のサウナ浴の合間にふと空を見上げると、オーロラが空に揺らめいていることも。裸姿でのオーロラ観測はフィンランドならではは

サウナ小屋のある景色　寒さ厳しい北国の冬の暮らしに、サウナでゆったり暖をとる時間は不可欠

フィンランド・サウナとジャパン・サウナはここが違う

●フィンランド・サウナの基本は、お手製の蒸気を浴びること

フィンランドでは、「熱い空間でじっと耐える」行為や場所のことを、サウナと呼ぶわけではありません。一〜数段のベンチとキウアス（サウナストーブ）が設置された密閉空間で、伝統的には薪ストーブに火を起こし、現代ではおもに電気ストーブのスイッチを入れて、その上部に敷き詰められた石を、あらかじめ熱しておきます。十分に焼けた石に柄杓で打ち水をすると、高温の蒸気が鋭く吹き出します。ジュッという音とともにほとばしった蒸気は、程なく天井部から壁を伝ってゆったり下降を始め、やがて緩やかに空間全体へと充溢していきます。このときの、流動する豊潤な蒸気を全身で浴びるという入浴法のことを、本国ではサウナと呼ぶのです。

今日、日本のサウナ界でも浸透しつつある「ロウリュ（löyly）」というフィンランド語は、サウナ室で浴びる蒸気をつくり出す行為のこと、あるいは蒸気そのものを指す名詞です。そして、ロウリュをおこなうのはいつでも入浴者当人。そろそろまた蒸気の熱い刺激がほしいなと感じるたび、自身で水を打ちます。ストーブの熱源、石の質や水の打ち方（量やスピード）によって、吹き出すロウリュの性質は大きく変わります。手慣れた人は好みのロウリュのために、手首のスナップを調節します。また、複数の人とサウナを共にしているときは、当然

キャンドルの灯り　電気の通っていないサウナ小屋では、窓辺にほんのりとキャンドルを灯す

サウナベンチと桶と柄杓　伝統的な桶と柄杓の形状は、日本のそれにそっくり

その欲求の頻度も人それぞれなので、「ロウリュしてもいいですか？」とひと声かけるのが、暗黙のルールです。

●フィンランド・サウナには、パフォーマーもリーダーも不在

日本のサウナ愛好家のみなさんにいつも驚かれるのが、「フィンランド人はサウナでタオルを振り回さない」という事実。どうやら日本では、代表者がサウナ室内でタオルをブンブン振り回して、肌への刺激の強い熱波を起こすのがフィンランド流として認知されているようですが、これはドイツ・サウナ由来の「アウフグース」というエンターテイメントです。

フィンランドでは、利用者がおのおののタイミングで打ち水をして蒸気を浴びるロウリュ法以外に、サウナ内でこれといったパフォーマンスはおこないませんし、イニシアチブをとる人もいません。しいて挙げられるのは、白樺の若葉（あるいは香りの強いほかの植物の葉）の葉束でバシバシと互いの身体を叩き合い、肌への刺激や葉から出る天然のアロマを楽しむという慣習。ですがこれも現代では、ロシアやバルト諸国など周辺国の人たちのほうが、より日常的・積極的におこなっている印象です。

●サウナ浴に、時計を必要としないフィンランド人

ストーブで熱されたサウナ室内の温度は、当然人によって好みは分かれるものの、日本のサウナより約二〇度低い六〇～八〇度くらいが、フィンランド人にとっての適温値です。蒸気が吹き出すと、瞬間的に室温と湿度がはね上

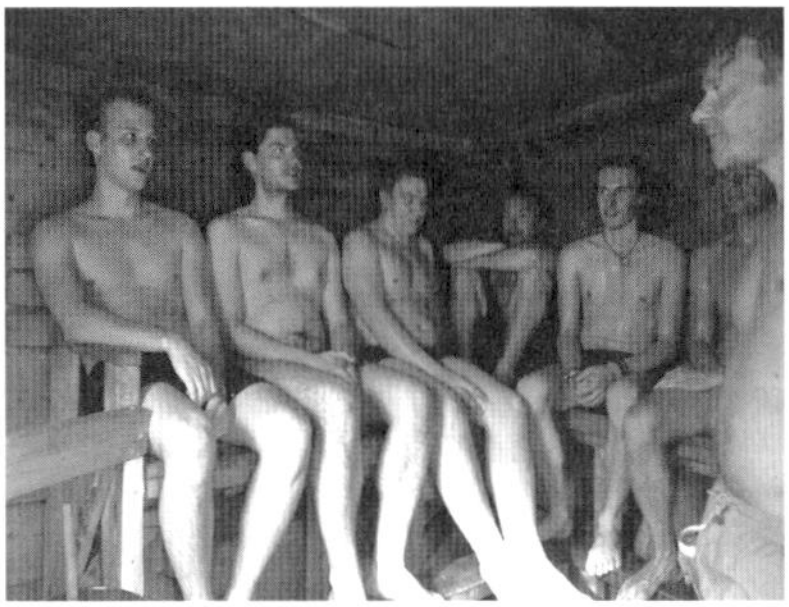

サウナ室内の雰囲気　パフォーマンスはとくにおこなわず、ただゆったりと蒸気に身を委ねるのがフィンランド流

ロウリュの瞬間　ロウリュをおこなうタイミングや回数は、利用客の間に合意があれば完全に自由

がりますが、またすぐにマイルドな温度に落ち着きます。呼吸のしやすい温度環境で、身体の深部や末梢にまで熱が沁み入り、ゆっくり温もっていくのを感受する。そして、一定間隔をおいてロウリュの焦熱と潤いが肌をなめ尽くすたび、皮膚感覚が心地よく刺激されるのを興《きょう》がる。この二つのシンプルな悦楽こそが、フィンランド・サウナの真髄です。

だから、フィンランド・サウナの室内には一二分計も砂時計もありません。それは、外的な指標に縛られなくても、自発的に好きなだけ長く居られる証であり、そもそも無理して長く居る必要はない、という証でもあるのです。サウナでの滞在時間を決めるのは、個々人の、その日その場所での、感覚的な欲求や満足感ただそれだけです。

●サウナの中は、フィンランド人が一番本音を話せる場所

サウナは静寂を美徳とする場所である……という考え方も古くからありますが、現代のフィンランド人は、むしろサウナ浴中におしゃべりするのが大好き。フィンランド・サウナ室特有の薄暗さや、リラックスした心地につい気を許してしまうのか、たわいない雑談から、普段はあまり積極的に話せない類のシリアスな本音や相談ごとまでが、サウナに居座るうちに、とつとつと口をついて出てくるのです。シャイで物静か、愛想笑いや上っ面の人付き合いも苦手で……というのは、自他ともに認める典型的なフィンランド人気質。その内向きな天性をたやすく打破する二つの要素が、お酒とサウナだと言われています。

白樺の葉束　サウナで身体を叩く葉束のことは、西フィンランドではヴィヒタと呼ぶが、東部ではヴァスタと呼ぶ

冷凍食品と一緒に売られる葉束　夏以外はフレッシュな白樺の葉が手に入らないので、シーズンオフ中は冷凍の葉束が冷凍食品売り場で売られている

お酒については、「自分たちは普段シャイなのだから、飲んだときくらい許してネ」と、過剰な無礼講を互いに許してしまう風潮が社会全体にあるので、飲み会のたびに人が変わったように調子に乗り、粗相をやらかす面倒なフィンランド人も、少なくありません。

他方サウナには、フィンランド人が思慮分別を保ちながらも、普段より饒舌かつオープンマインドになれるという、なんとも特殊な力があります。久々に再会する旧友や、悩んだり落ち込んだりしている友達をサウナに誘い出すのは、フィンランド人の日常。ちょうど、日本人が誰かを飲みに誘う感覚に近いかもしれません。学校施設や企業のオフィス内にサウナ室があるのも一般的で、社員同士の交流をはかるだけでなく、会議の後に、商談相手を裸のお付き合いに誘うことだって珍しくはないのです。

筆者の経験上、女性が集えばだいたいいつも、色恋沙汰や世間話に代表される、世界共通の「女子トーク」が始まります。いっぽうで男性の方が、サウナの中で真の本音トークにアクセルがかかりやすいと言われます。二〇一〇年にフィンランドで公開された「サウナのあるところ（Steam of Life／原題は"Miesten vuoro"で、「男たちの（サウナの）番」という意味。二〇一九年九月より日本でも公開予定）」というドキュメント映画は、国内各地のプライベートサウナ、あるいは公衆サウナの中で、さまざまな世代の男性たちの会話の始終を記録しているだけの、風変わりなオムニバス作品です。会話内容に多少は脚本があるのかもしれません。ともあれサウナの中の彼らは、時間の経過とともに、虚栄を捨て

サウナ浴中の談笑　サウナ室内でも休憩中でも、騒がしくない程度におしゃべりを楽しむのはちっともマナー違反ではない

サウナで飲み会　サウナの中での節度ある飲みニケーションも、フィンランド人が愛する余暇の過ごし方

てころの内を朴訥と語り始め、言葉を詰まらせるたび周りから不器用に慰められ、やがて目からも汗を流して嗚咽を漏らす人まで。ふいに誰かの投げるロウリュの爽快な昇華音は、重くなった空気を優しくじゅわっとリセットします。フィンランドでは、知人であれ他人であれ、同じサウナ空間に居合わせた者同士はみな「運命共同体」のような存在。やかましく騒ぐのはご法度ですが、とはいえ互いに一言も言葉を交わさないほうが、むしろ異様に感じます。余談ながら、日本のサウナ室にテレビがあって、みんながそれを無言で眺めている光景は、日本を訪れたフィンランド人にとっては相当愉快に映るようで、彼らが土産話をする際の鉄板エピソードです（笑）。

●フィンランド人の誰もが、真冬の湖にダイブするわけではない

長くサウナに居ることで頭や身体が火照ってきたら、多くの人は、少なくとも一度はリフレッシュのために外気浴に出ます。昨今、凍った湖に穴を開けて飛び込む、あるいは雪に身体をこすりつける、といったフィンランド人の「究極の」外気浴法ばかりが面白おかしく取り立てられるようになってしまいましたが、それらはあくまで、真冬限定の極例。実は、フィンランド人でも生涯未体験の人はたくさんいます！

フィンランド・サウナにおける外気浴の最重要目的は、長時間心ゆくまでサウナタイムを楽しむために必要な、体内のクールダウン、汗の洗い流し、そして酸素と水分の補給のための、リセット休息です。バスタオルやバスローブに身

映画「サウナのあるところ（Steam of Life）」のワンシーン
本国でも話題となった同映画は、2011年に国内の最優秀ドキュメント作品賞を受賞した

女性たちの団らん風景　おしゃべりの好きな女性たちにとって、サウナはうってつけの集会所でもある

を包んで、涼しく開放感のある室外で、風景を愛でながら深呼吸したり、飲み物を片手におしゃべりの続きに興じたりしながら、心拍が落ち着くまで一服。日本のサウナ施設では欠かせない人工的な「水風呂」も、フィンランド・サウナのそばには見当たりません。もちろん、目の前に湖や海などの天然のプールがあるロケーションなら、軽くひと泳ぎすることはよくあります。

ときにマイナス二〇度を下回る極寒の冬場は、外気に肌をさらすだけでは即座に湯冷めをしてしまい、外に長くは居られません。ところが、外気浴の前に一度、思い切って冷水をかぶったり凍りかけた湖に身を沈めたりすることで、血管がにわかに収縮し、サウナで得た体内の熱の放出を抑えようとします。するとその後は、夏場同様、寒い屋外でも裸同然の姿でしばらくの時間、緩やかにクールダウンできるようになるのです。

この手荒な温冷交代浴は、心臓の病気を患っている人や妊婦さんにはお勧めしませんが、度胸さえあれば誰にだって可能です。零度近い水に肌をさらすと、それはもはや「冷たい」という知覚とは別次元の、痛みのような刺激が一瞬、全身を伝います。ですが次の瞬間、今度は皮膚の内側から、すぐその刺激に抵抗する反作用のエネルギーが生まれるのを感じるはずです。肌を介したこの激烈な拮抗が落ち着いた後は、剛鉄の皮膚の内側で石炭が焚かれる蒸気機関車にでもなったかのような、凍てつく外気をもろともしない無敵のわが身を手に入れることができるのです。これぱかりは、百聞は一体験にしかず、ですね。

アイスホールでのクールダウン　冬の湖水浴を健康法に掲げるお年寄りも多い。確かにサウナ好きなお年寄りはみんな元気そうだ

流氷の上でのクールダウン　春先にヘルシンキ湾を漂流する流氷の上でクールダウンに興じる筆者

●フィンランド人は、「ととのう」ことを知らない？

ところで、日本のサウナ愛好家たちの間では、サウナと水風呂の行き来という刺激的な温冷交代浴の繰り返しの末に、恍惚としたディープリラックス状態に行き着くことを「ととのう」という言葉で言い表すのが、すっかり定着していると聞きます。いまや「ととのう」ことこそが、サウナ浴の真骨頂であり唯一無二のゴールであるとも。このため、「フィンランド人も、ととのうためにサウナに入っているのですよね？」と尋ねられることも多いのですが、実はそのたびに、答えに窮してしまいます。

もちろん、それは多くのフィンランド人が肌で知っている快楽と同類のものなのでしょうが、極度の温冷交代浴の快感こそがサウナの醍醐味、という発想は、フィンランド人には必ずしもピンとこないのかもしれません。

例えば、蒸気が出たあとに「フュヴァット・ロウリュット（いいロウリュだね）」というフレーズをつぶやいたりはするものの、「ととのう」に該当するサウナタイムの常套句は、そもそもフィンランド語には見当たらないのです。二〇一八年四月二八日、フィンランド公共放送局の配信するウェブニュースで、日本のロウリュ・ブームと“totonou”というフレーズが紹介されました。「ととのうとは、まるで天然の麻薬のような、サウナがもたらす多幸感やリフレッシュした気分を意味するらしい」と解説され、日本人がフィンランド語辞書にないサウナ用語を生み出したと、フィンランド人たちを驚かせたのです。今後はむしろ、フィンランド人たちがサウナ中に“totonou”という言葉を積極的に使う時代が来るのかもしれませんね。

雪上でクールダウンする人　雪解けまでの季節は、サウナの合間に雪上にごろんと寝転ぶのも気持ちいい

夏のクールダウン　フィンランド・サウナのそばに水風呂はないが、一歩外に出ればそこかしこに天然の水風呂が待っている

フィンランド人のサウナ文化と日本人のお風呂文化は、こんなにも似ている

さて、ここまでの話だと、フィンランド・サウナと日本のサウナとはスタイルも価値観も違うことばかりじゃないか……と、日本のサウナファンのみなさんを、初っ端から当惑させてしまったかもしれません。ですが、フィンランド人のサウナ文化は、むしろ、日本人のお風呂文化との類似性や相互交流の可能性にもっと着目すべきだというのが、筆者の持論です。言うなれば、世界のどの国民よりも、お風呂好きの日本人こそが、フィンランド・サウナの真髄に共感できる潜在能力を有しているに違いないのです！

そもそも、いまも昔もフィンランド人にとってのサウナは、日常的に身体を清める場所であり、療養やリラックスをする場所であり、そして、誰かとの団欒を楽しむ場所。まさに、日本人にとってのお風呂の位置づけそのものではないでしょうか。実際に、フィンランド人のサウナと日本人のお風呂との間には、数々の共通点が見つかります。ここで五つの代表例を挙げてみましょう。

●素っ裸のリラックスタイム、ここに極まれり

フィンランドのサウナと日本のお風呂の、核心とも言える共通点、それは「素っ裸で健全に楽しむ」ということです。ほかの多くの国のスパや温泉で

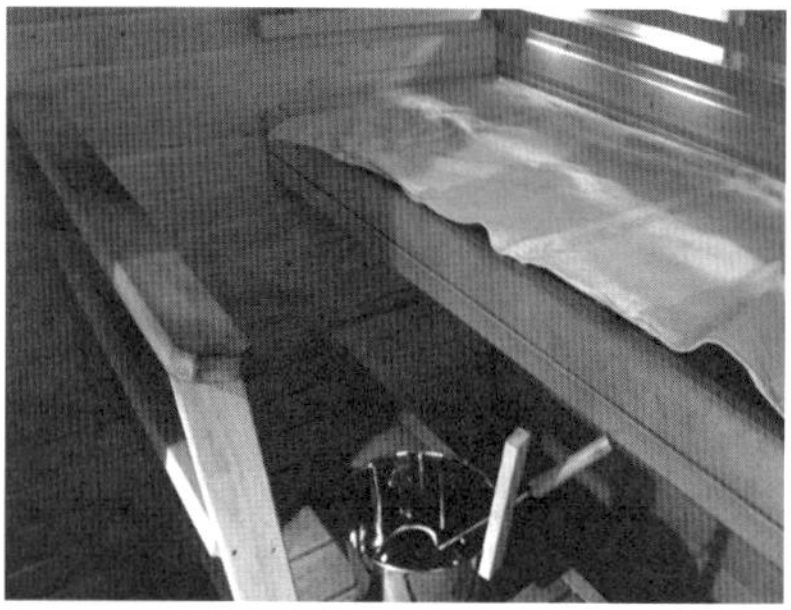

自家サウナ　各家庭にあるファミリーサイズの自家サウナ。2～4人が一度に入れる

屋外ジャグジーでの外気浴　サウナ浴の合間に、パルュと呼ばれる屋外ジャグジー風呂でくつろぐのも近年大人気

は、水着着用が一般的。けれど、水着だなんてぴったりした被服が身体に張り付いた状態では、その快楽も半減してしまうことを、フィンランド人も日本人も、みんな肌で知っています。熱い蒸気やお湯が、何にも締め付けられない素肌に直に触れ、その熱が血流に乗って身体の隅々にまで沁みわたっていき、やがて体内に蓄積していた疲労感さえ湯気と一緒に昇華していくかのような、得も言えぬ心地よさ。この快感については、ほんとうに美味しいご飯をいただく瞬間のように、言葉巧みに説明する必要すらありません。あぁいい湯だな。フュヴァット・ロウリュット（いい蒸気だな）。喉よりずっと奥から出てくるこのシンプルな決まり文句こそが、その恒久の快を充分に代弁してくれているのです。

●趣味やレジャーである前に、れっきとした生活習慣

サウナもお風呂も本来は、ある日思い立ったときに訪れる非日常な場ではありません。現代人にとって、毎日とまではいかなくとも、やはり一週間に何度かは身を沈めないと何か落ち着かない気分になってしまう、れっきとした生活習慣のひとつなのです。汗を流して洗体するだけなら、いまならシャワーで事足りるはず。それなのに、たとえうだる暑さの夏日であっても、熱々の蒸気や湯船に自然と身体が向かう……。この不思議な衝動はきっと、サウナとお風呂がどちらも、わたしたちがご先祖様から受け継いできた、日々の暮らしの「習わし」であるからにほかならないのでしょう。

サウナグッズ専門店　街には、桶や柄杓からサウナで使える美容ケア用品まで、サウナグッズを取り揃えた専門店もある

住居内のサウナ室　住居内のサウナ室は、日本の風呂場のように脱衣所やシャワー室に隣接している

テントサウナあたため世界選手権　中部フィンランドの街ラウカーでは、毎年7月にサウナあたため世界選手権を開催。ちなみに筆者は初の日本人代表を務めた

テントサウナ　近年は、アウトドアの場に気軽にサウナを持っていける、組み立て式のテントサウナも人気。音楽フェスサイトなどでよく見かける

●家族や赤の他人とも、堂々と裸のお付き合い

家族、友人、果ては見知らぬ人の前で堂々と脱衣して、同じ蒸気や湯を共有することも厭わないという価値観を、不思議がる外国人も少なくありません。もちろん昨今はどちらの国においても、公共秩序のために同性同士での入浴が基本です。ですがフィンランド・サウナではいまなお、家族親戚や男女混合のグループで同時に入浴することだってあります。裸＝やましい／恥ずかしい、という概念にとらわれず、初対面の人とでもボディラインを見せ合い、同じ蒸気や湯に浸かって、気持ちいいですねと声を掛け合える文化。お互いに背中を流し合ったり白樺の葉で叩き合ったりできる文化。それが現代においても続いているのは、両民族特有のヒューマニズムと、民度の高さの象徴と言えるかもしれません。

●入浴タイムを楽しむためのアイテムやアイデアも充実

サウナもお風呂も、ここまで互いの日常生活に根付いているからこそ、入浴アイテムも種類豊富で、各民族のこだわりが存在します。例えば、サウナ室で昔から好んで使われる、香りのよい木製の桶と柄杓は、日本の風呂桶に瓜二つ！ 湯船に溶かすだけでリラックス効果を高める入浴剤に対するのは、打ち水に数滴垂らしておけばロウリュとともに好みの香りが華やぐアロマ液。クールダウン中や湯上がりの一杯にも、それぞれに定番がありますね。日本人が伝統的にコーヒー牛乳なら、酒好きフィンランド人はよく似た形状の小瓶ビールを、無意識に腰に手を当ててグビッ。

観覧車のゴンドラサウナ　ヘルシンキ港には、なんとゴンドラのひとつが貸し切りサウナになったユニークな観覧車が存在する

モバイル・サウナの祭典　旧車や牽引車を改造してサウナを搭載させるのが好きな人たちもいて、2年に一度、サウナカーが一堂に会して互いのサウナに入りあう祭典も開かれる

そういえば、温泉や銭湯ではときどき日本酒風呂を見かけますが、フィンランド人も、打ち水代わりにちょっとだけビールを焼け石にかけて、香ばしい大人のロウリュを楽しんだりもするのですよ。

●サウナもお風呂も、神聖な場所である

現代に生きるわたしたちはもうあまり意識することもないかもしれませんが、サウナもお風呂も古来、火と水という自然界の元素のエナジーに依拠した浄化行為であることから、必然的に神聖視されてきました。フィンランドの場合、つい戦前までは、出産や手術、屍の洗体もサウナ室内でおこなわれるのが一般的でした。また、サウナの中では性別や身分、宗教や出自などすべての肩書から解放されて万人が等しく快楽を享受するべきである、という究極の平等思想が継承され、これは今日でもしっかりと守られています。いっぽうの日本の入浴文化も、神道における沐浴や禊の慣習、あるいは仏教寺院への入浴施設の設置や施浴の実践に、その礎を見出せます。湯灌《ゆかん》も、まさにサウナ室での遺体の洗浄と対を成す慣習です。単なる生活空間の一部であるという以上に、土着信仰との密接な関係が保たれ、人びとの畏敬の念が宿る場であったからこそ、両入浴文化は今日もなお脈々と受け継がれているのでしょう。

SAUNA IS THE FINNISH TEMPLE　「サウナはフィンランドのお寺である」というユニークだがしっくりくる文言の書かれた貼り紙

サウナ浴に欠かせない小瓶ビール　直接口を付けられる330ミリリットル入りの小瓶のビールやカクテルは、サウナ浴との相性バツグン

サウナとお風呂に共通する、タイムレスな価値

フィンランド人のサウナ文化と日本人のお風呂文化の類似性に着目したのは、むろん筆者が最初ではありません。少なくとも一九九〇年代以降に二つ、この両入浴文化の比較をテーマにした特別展が、小規模ながらもヘルシンキと東京を巡回していた記録があります。

とりわけ興味深いのが、一九九七年に開催された「風呂FURO & SAUNAサウナ展」という巡回展。フィンランド側は国内のサウナ協会と建築協会のメンバーが、いっぽう日本側は現ＧＫデザイングループの道具文化研究所のメンバーらが、企画運営に関わっていたようです。展覧会の実行委員長を務めたのは、生前日本とフィンランドのデザイン交流に献身し、フィンランド政府から勲章も受賞している、工業デザイナーの故・榮久庵《えくあん》憲司《けんじ》さん。キッコーマンの醤油ボトルをデザインした、あのお方です。

展覧会の内容は、両国の大学図書館数カ所に保管されている展覧会カタログから想像をめぐらすことしかできません。ですが開催趣旨はまさに、両国に根付く入浴文化の歴史と価値観の変遷を追いながら、その共通性や親和性を浮き彫りにしていく、というものであったようです。榮久庵さんも、「日芬沐浴比較観を楽しもう」と題した巻頭文を寄稿し、「……特に日本とフィンランドの沐浴観、風呂観とサウナ観には両国の精神文化面を比較するに極めて興味深いものがある。医療的にも、気分的にも、さらには宗教的にもその発展の歴史には両国文化の共通面がさ

サウナの火入れの儀式　新築や改修後のサウナに初めて火入れするときは、古い歌でサウナの安全を願う風習も残っている

まざまと観察され親しみもひとしお深い」[注1]と、相互交流の意義を主張します。
同カタログ内では、建築家であり道具学研究家の山口昌伴《まさとも》さんが、フィンランド人のサウナ文化と日本人のお風呂文化に共通した、歴史的（宗教的）意義に端を発する恒久的価値として、次の四単語を挙げています。

やすらぎ（心と体が緊張から解放される）　**きよめ**（心と体が浄化される）
いやし（心と体が患いから回復する）　**たのしみ**（心と体が楽しむ）

まさにこの四つの価値こそが、宗教性・神聖さが薄れてきた現代においてもなお、両民族がわが身をもって知り、継承している、日々の暮らしにサウナやお風呂を必要とし続ける理由そのものではないでしょうか。そして、このまったく同じ価値に裏付けられた入浴文化を背景に持つ民族同士だからこそ、街づくりという現代的なフィールドにおいても、互いに学び合える事象があるのではないでしょうか。

次章より、いよいよ本題の「公衆サウナ論」が始まります。日本人に馴染みのあるテーマとは言い難いですが、鍵になるのはやはり、わたしたちが、どこまで自国の入浴文化やその現状の諸問題に引きつけて、共感や批評、そして応用の可能性を模索できるかということです。ぜひとも、ここまで紹介してきたフィンランド人のサウナ観、とりわけ最後の四つの共通価値のことを記憶に留めながら、「いま、なぜ公衆サウナなのか？」という問いへの答えを、一緒に探ってくださればと思います。

注1　Laaksonen, Esa, Ekuan, Kenji, Yamaguchi, Masatomo, ym. 風呂 FURO & SAUNA サウナ - japanilaisen kylvyn ja suomalaisen saunan yhteisnayttely Suomen Arkkitehtiliitto & Arkkitehti - lehti, 1997

自然の力を借りたやすらぎの時間　日本とフィンランドの入浴文化は、清らかな水や火、空気など自然界の恵みに依拠している

教会に見立てられるサウナ室　フィンランドでは、サウナは教会に匹敵する神聖な場所だとも言い伝えられてきた

一章 公衆サウナの最前線

昔ながらの入浴施設を街の新しいコミュニティ空間に

［ロウリュ］外観　ヘルシンキに2016年にオープンした公衆サウナ、［ロウリュ］（p.109）

フィンランド二大都市
公衆サウナマップ

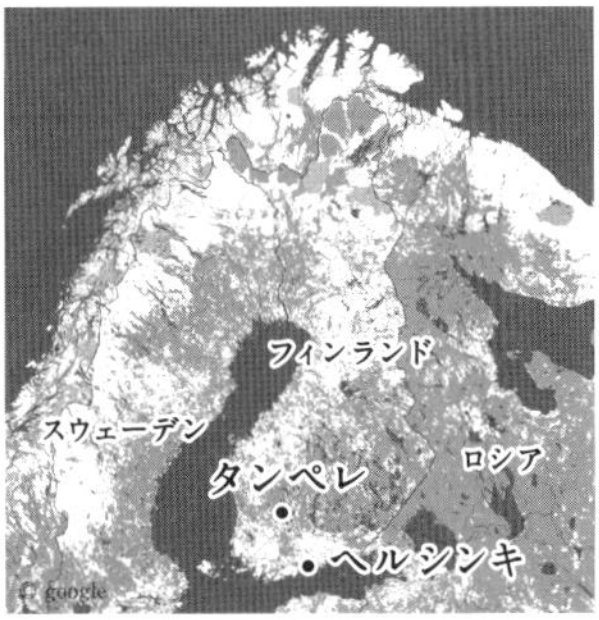

2018年に世界サウナ首都
(The Sauna Capital of the World)宣言!

タンペレ　Tampere

❶ **Rajaportin sauna / ラヤポルッティ・サウナ (p.73)**
1906年創業の国内最古の公衆サウナ。
現在は地元の愛好家たちの立ち上げた協会が運営
Pispalan valtatie 9, 33250 Tampere

❷ **Kuuma / クーマ (p.115)**
2018年夏に中心街の川辺にオープンした、
ヘルシンキのロウリュの姉妹施設
Laukontori 21, 33200 Tampere

❸ **Rauhaniemen kansankylpylä / ラウハニエミ民間浴場**
ナシ湖のほとりにある歴史あるサウナ施設で、
クールダウンでは湖に飛び込める
Rauhaniementie 24, 33180 Tampere

❹ **Tullin sauna / トゥッリン・サウナ**
2018年春にオープンした、レストランや
ホステルも併設した都会型サウナ
Åkerlundinkatu 3, 33100 Tampere

❺ **Kaupinojan sauna / カウピンオヤ・サウナ**
もともと湖畔にあったサウナ施設が、
2010年に改修されて民間用にオープン
Kaupinpuistonkatu 1, 33500 Tampere

❻ **Koskentien sauna / コスケンティエ・サウナ**
1949年に建てられた小さな集合住宅の上階にある
サウナで、現在は火曜のみ営業
Litukankatu 8, 33500 Tampere

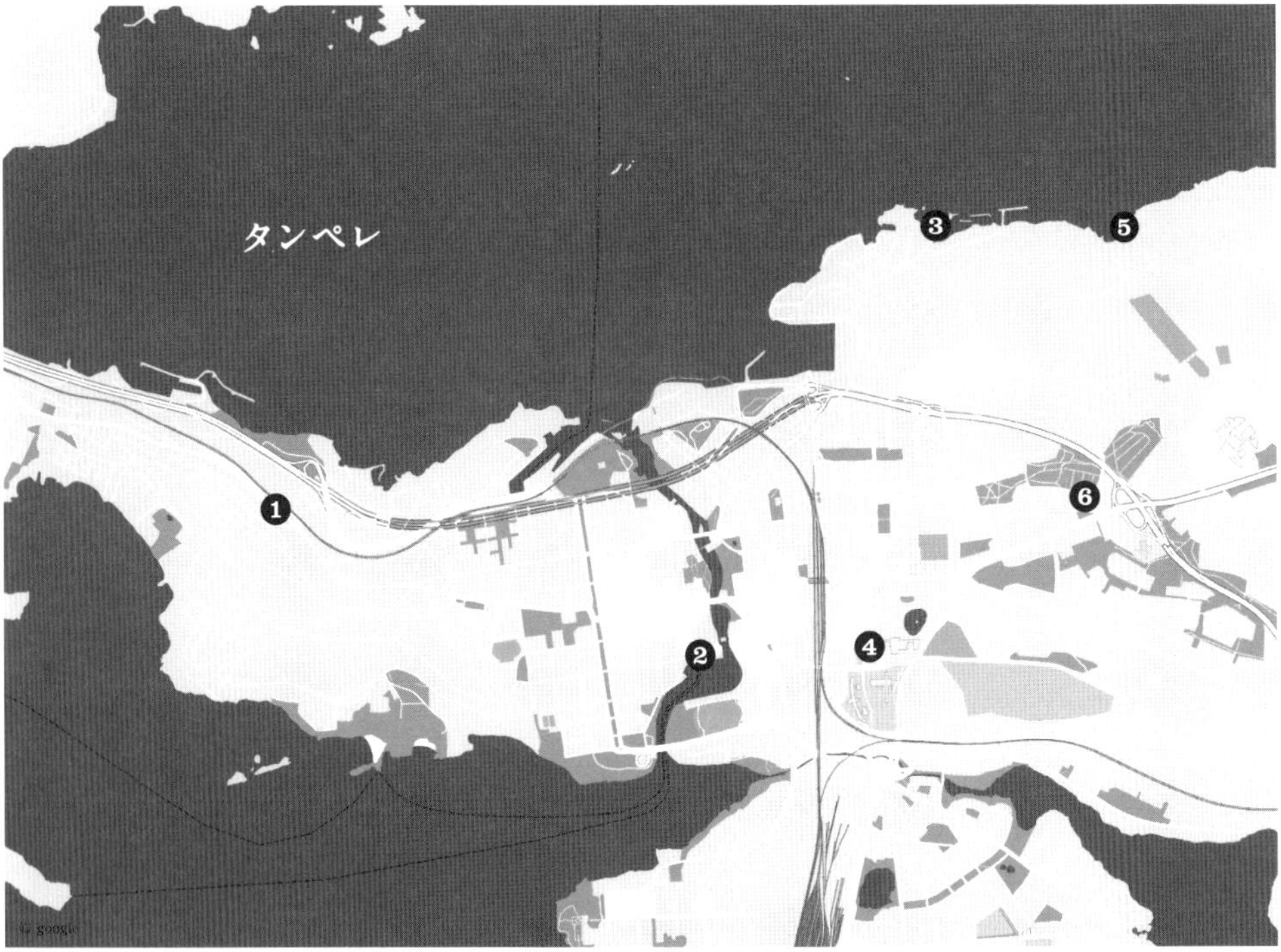

2010年には3軒しかなかった公衆サウナの数が、
着実にV字回復中！

ヘルシンキ Helsinki

❼ Löyly / ロウリュ (p.109)
2016年にオープン。予約必須の人気を誇るサウナとレストランバーの複合施設
Hernesaarenranta 4, 00150 Helsinki

❽ Kulttuurisauna / クルットゥーリサウナ (p.103)
2013年のオープン。海辺に位置し、中庭での外気浴中に海水浴も可能
Hakaniemenranta 17, 00530 Helsinki

❾ Sompasauna / ソンパサウナ (p.121)
誰もが無料で利用できて建設・改修作業にも携われる、究極の公衆サウナ
Sompasaaren laituri, 00540 Helsinki

❿ Lonnan sauna / ロンナ・サウナ
ボートで行けるロンナ島に2017年にオープンした、夏季限定のモダンな公衆サウナ
Lonnan saari, 00190 Helsinki

⓫ Allas Sea Pool / アッラス・シー・プール
港に堂々と建設された、温水・海水プールを併設する都会型サウナ施設
Katajanokanlaituri 2a, 00160 Helsinki

⓬ Kotiharjun sauna / コティハルュ・サウナ
1928年創業の市内最古の公衆サウナ。集合住宅内にあり、クールダウンは玄関前の路上でおこなう
Harjutorinkatu 1, 00500 Helsinki

⓭ Sauna Arla / サウナ・アルラ (p.85)
1929年創業で、現在は有名な文化人がオーナーを務めるサブカル色の強いサウナ
Kaarlenkatu 15, 00510 Helsinki

⓮ Sauna Hermanni / サウナ・ヘルマンニ
1953年創業で、住宅の地階でひっそりと営業される隠れ家的な老舗公衆サウナ
Hämeentie 63, 00550 Helsinki

⓯ Lapinlahden Lähteen sauna / ラピンラハデン・ラハデ・サウナ
19世紀に病院の患者用につくられたサウナ・洗身施設を改築して一般用とした公衆サウナ
Lapinlahdenpolku 1, 00101 Helsinki

⓰ Uusi Sauna / ウーシ・サウナ
2018年秋にサウナ・アルラのオーナーが、新興住宅地内に新たにオープンさせた
Välimerenkatu 10, 00220 Helsinki

⓱ Yrjönkadun uimahalli / ウルヨンカトゥ市営プール
中心街にある最古の公衆プールで、いくつかのサウナ室も併せて利用できる
Yrjönkatu 21 B, 00120 Helsinki

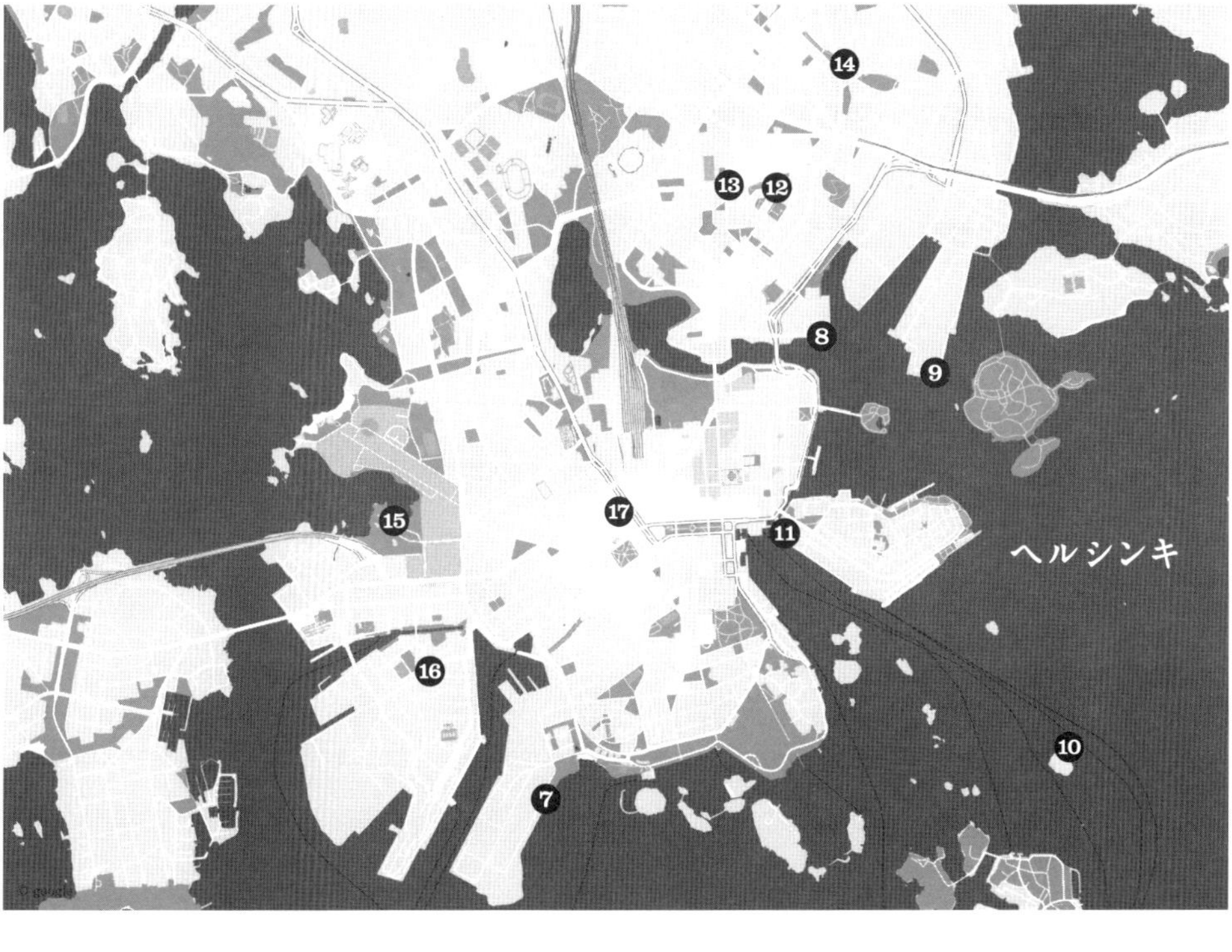

〈公衆サウナ・ルネッサンス〉の担い手は、クリエイティブなプロ市民たち

フィンランドの首都ヘルシンキにおいて、最盛期には少なくとも一二〇軒あったといわれる公衆サウナ。ところが、二一世紀の到来を目の当たりにできた老舗の公衆サウナ店舗は、たった三軒でした。この消滅寸前だった斜陽産業が、そのわずか一〇年後に、再び街に居場所を取り戻す時代が来ることを、ミレニアム騒ぎのさなかに誰が予測できたでしょう。これが一過性のブームにすぎないのか、はたまた新しい文化の萌芽であるのかは、いまはまだ判断がつきません。ですが二〇一〇年代に入ってから、フィンランドの都市部における街づくりの現場で、公衆サウナという歴史的な営業施設の持つさまざまな可能性に空前の注目が集まっていることは、確かな事実です。

とりわけ興味深いのは、この〈公衆サウナ・ルネッサンス〉の主導者たちのほとんどが、もともと、浴場施設の経営とも行政機関とも無縁の職業や立場にあった民間人であるという点です。例えば、建築家やデザイナーや、アーティスト。概して、元来クリエイティブな専門性を持つ人たちが多いと言えそうです。また、とくに首都圏で目立った活動をおこなう人たちは、いわゆるポスト・公衆サウナ世代ばかり。自身の幼少期や青年期に公衆サウナに通った経験があり、そのときの思い入れが現在の活動に繋がっている……と言う人は、まずいません。当時その存在さえ知らなかったと答える人もいるほどです。

公衆サウナと同空間で経営されるホステル　［トゥッリン・サウナ］はユース・ホステル内で同オーナーのもと運営されている

［トゥッリン・サウナ］内観　タンペレ市に2018年春にオープンした公衆サウナ、［トゥッリン・サウナ］（p.34）。奥に見える小屋がサウナ室、手前の円形ブースが洗身スペース

そもそも、公衆サウナとは?

公衆サウナ(フィンランド語でyleinen sauna)とは、広義では、見知らぬ人同士が同室でサウナ浴をおこなう施設や、そのサウナ室を指します。この意味では、例えばスイミングプールやジム、オフィスなどに併設されたサウナ室もすべて、公衆サウナです。ですが一般的には、人びとがサウナ浴を一番の目的に訪れる有料の一般営業施設のことを、公衆サウナと呼んでいます。

●日本とフィンランドにおける、公衆浴場の位置づけの違い

日本では、厚生労働省によって「公衆浴場法」が定められています(法令番号:昭和二三年七月法律第一三九号)。それによれば、公衆浴場とは「温湯、潮湯又は温泉その他を使用して、公衆を入浴させる施設」であると、明確に定義されています。さらに日本の場合、この法律が適用される公衆浴場には、二つのカテゴリーがあります。ひとつが、「地域住民の日常生活において保健衛生上必要なもの」という名目で運営されている「一般公衆浴場」と呼ばれる浴場。いわゆる「銭湯」がこれにあたるほか、老人福祉センターなどの浴場も該当します。他方、それら以外の、保養や休養を目的とした入浴施設全般は、「その他の公衆浴場」に分類されます。スーパー銭湯、健康ランド、サウナ施設、ゴルフ場やジムなどスポーツ施設に併設されるもの、移動入浴車などは、すべてこちらに含まれます。

[クーマ]のサウナ室　タンペレに2018年夏にオープンした公衆サウナ、[クーマ](p.115)の現代的なスモークサウナ室

[ロウリュ]の設計者たち　[ロウリュ](p.109)の設計を手がけたアヴァント・アーキテクツのメンバー

どちらのカテゴリーの浴場も、営業をおこなう場合には「公衆浴場法に基づき都道府県知事の許可を得なければならない」という点では同じです。一般公衆浴場は、各都道府県にある浴場組合への加盟が原則で、入浴料金の統制に従う代わりに、自治体の継続的な支援を受けられます。

いっぽう現代のフィンランドには、公衆浴場の運営について規定する法律も、国や自治体主導のいわゆる浴場組合も、存在しません。ですからそもそも、「公衆サウナ」という業種の定義自体も、あいまいといえばあいまいです。二〇一八年現在、ヘルシンキ市は例外的に、前世紀から営業の続く三軒の老舗公衆サウナに対し、伝統的な事業の維持という名目で、年間約百万円程度の用途自由の助成金を与えて運営をサポートしています。とはいえ、いまも昔も、フィンランドの公衆浴場ビジネスは自律的な民間経営が基本。入浴料や設備の制限を受けない代わりに、当然ながら各店舗には、採算の取れる持続可能なビジネスモデルの構築が求められます。

●公衆サウナの基本施設とサービス

絶対条件こそないものの、サウナ浴の場を提供するという業種上、各公衆サウナ店舗の基本設備や動線は、時代を超えてどこも似通っています。利用料を払うフロントがあって、その先は男女で空間が分かれ、ロッカーの並んだ更衣室、洗身室、そしてサウナ室へと続く流れです。日本の銭湯の空間構成と同じで

更衣室の雰囲気　更衣室でくつろぐ女性たち。おしゃべりしたり、読書にふける人も

老舗公衆サウナの洗身室　老舗公衆サウナ[サウナ・アルラ](p.85)の洗身室は、どことなく日本の銭湯を彷彿とさせる

すね。通常フロントでは、タオルのレンタルや、飲料や軽食、石鹸類、白樺の葉束の販売もおこなっています。

また、前章で紹介したように、フィンランドのサウナ施設に水風呂は見当たりません。ですが、敷地内や、場合によっては店舗の玄関前(つまり公衆の面前)に、外気浴や団欒がおこなえるスペースが設けてあります。オプショナルとして、洗身師やマッサージ師の施術台があったり、カフェが併設されていたりしますが、このあたりは店舗のサービスによりけりです。

ところで、例えばドイツ語圏の国々の公衆サウナでは、健全な施設でも裸での混浴が一般的。いっぽう、いくらフィンランド人がサウナ浴で平等思想を重んじ、オープンになる民族とはいえ、今日のフィンランドの公衆サウナでは男女別が常識です。外気浴のためのスペースは男女共有であることが多いですが、バスタオルを巻けば問題ありません。

●公衆サウナ・ビジネスとは似て非なるレンタルサウナ・ビジネス

公衆サウナとよく似た業種として、「レンタルサウナ(vuokrasauna)」を名乗るテナントが、街の至るところ(例えば飲食店の一角や雑居オフィス内)に見受けられます。これは、特定のグループや家族が予約をして貸し切り、内輪で楽しむための、サウナつきレンタルスペースのことです。不特定多数の客に開かれた「公衆浴場」とは言い難いので、本書では公衆サウナに含めません。ただし歴史的には、よく公衆サウナ店舗内で、レンタルサウナ室も同時経

[ラヤポルッティ・サウナ]での外気浴　公衆サウナは浴室自体は男女別だが、外気浴の際はタオルを巻いて、男女一緒にくつろぐのが一般的

[ラヤポルッティ・サウナ]のカフェ　[ラヤポルッティ・サウナ](p.73)のカフェ棟には、サウナ浴の合間でも気兼ねなく入ってこれる

レンタルサウナ船　操縦者つきの船型のレンタルサウナもある。湖を移動しながらサウナ浴や屋上パーティを楽しめ、もちろん湖にも飛び込める

営されていました。

レンタルサウナについて補足すると、昨今のフィンランド人は友人同士はもちろん、例えばサークルやプロジェクトのメンバーと、親睦のためのサウナパーティを頻繁に開催します。日本人が、交流会や打ち上げで居酒屋に赴く感覚で、フィンランド人はバスタオルを抱えて、みんなでサウナパーティ会場へと向かうのです。多くの場合、貸し切りサウナ室にはグループ用の団欒室が隣接していて、飲食料も購入あるいは持参できます。まず乾杯をして、サウナがあたたまったら順次サウナ浴を楽しみ、そしてその後も団欒室で和やかに飲食やおしゃべり、ゲーム大会などに興じます。

サウナ室が一室しかないときは、男女別々に時間を区切って入る場合もあるし、気心の知れた内輪仲間の場合、混浴を厭わないグループも案外多いです。筆者の所属するオーケストラの演奏会後の打ち上げも、決まってサウナ会場。ですが、いくら日頃から苦楽を共にしている音楽仲間とはいえ、若き男女がなんのためらいもなく、素っ裸になって同じ空間に居る光景を何とも思わなくなるまでには、さすがに演奏会何回分かを要しましたね。女性は、入浴後すっぴんをさらして過ごすのが普通ですが、サウナ上がりにはもちろん誰も気にしません（笑）。

ちなみに当初、ほんとうに誰も下心ないの？ と、こっそり仲間に聞いてみたことがありました。すると、「この秩序は、誰もが問題行為を起こさないのはもちろん、その疑念を口にしないことで成り立っているの。だから、それは不信に思っても言葉にすべきではないよ」と窘《たしな》められましたっけ。

［バーガーキングサウナ］　ハンバーガーチェーンが店舗の地階で運営するレンタルサウナ。もちろんバーガーもオーダー可

レンタルサウナの団欒スペース　レンタルサウナにはつきものの団欒スペース。ここに飲食物を持ち込んだりケータリングを頼んで、サウナパーティを楽しむ

市民と観光客とが繋がる公共空間、ヘルシンキの新・公衆サウナ[ロウリュ]

ここで、ヘルシンキ市内にオープンした最新の公衆サウナの実例を一件、詳しく紹介したいと思います。

二〇一六年五月、ヘルシンキ・ヘルネサーリ地区の岸辺にて、敷地面積一八〇〇平方メートルに及ぶ、長大な多面体オブジェのような木造建築がお披露目されました。この新施設の名前はずばり、［ロウリュ（Löyly）］。前章でも紹介した、サウナの蒸気を意味する単語が、そのまま建物に冠してあるのです。この複合施設に入っているのは、バルト海に面したテラス席と屋内席とを併せ持つお洒落なレストラン・バー、無料で上がれる屋上展望デッキ、そしてその名が匂わせるとおり、三室の異なる趣向のサウナ室を有した公衆サウナ・セクションです。

このまったく新しい公衆サウナ施設が、オープン以来着実に来客数を伸ばし、いまや連日大盛況で時間帯によっては予約必須という、嬉しい悲鳴を上げています。具体的な来客数や客層は非公開ですが、外国人ツーリストの来訪数が伸び続けていること、また、知人同士だけでなく、一人での訪問客が少なくないことを、総プロデューサーのヴィッレ・イーヴォネン（Ville Iivonen）さん（一〇九頁参照）が明かしています。

[ロウリュ]内観　多面的な壁のスリットからは、ユニークな光の筋がサウナ室や待合室に差し込んでくる

[ロウリュ]テラス　[ロウリュ]は2018年にTIME誌の選ぶ「World's Greatest Places」のひとつに選出された

●［ロウリュ］の空間構成とオリジナリティ

［ロウリュ］の建築は、権威あるシカゴ・アテナイオン博物館が主催するアワードで、二〇一八年度の新国際建築賞を受賞。この設計を手がけたのは、現代的な大型木造建築を多く手がけるフィンランドの建築事務所、アヴァント・アーキテクツ（Avanto Architects）（三七頁図参照）です。海岸線上に横たわる、熱効率も考慮された低層の有機的な形状は、ヘルシンキの地盤を特徴づける、剥き出しの岩盤の連なりに着想を得たそうです。

建物の屋根と同化したスロープには階段が設置されており、頂部の展望スペースに上がると、ヘルシンキ南部の旧市街と新興住宅エリア、大型旅客船の行き交う広大なバルト海とが、同時に見渡せます。まさに、「バルト海の乙女」と称される、港街ヘルシンキの玄関口を象徴するパノラマです。

正面入口から向かって右手がレストラン・バー・セクションで、国内で数多くの人気飲食店を経営する大手企業が全メニューをプロデュースしています。営業時間はサウナ施設よりも長く、ランチ前の時間帯から深夜まで。サウナ利用客でなくとも食事ができ、ロケーション抜群のハイエンドな飲食店としても、グルメな都市住民の注目を集めています。

そして、入口の左手に続くのがサウナ・セクション。フロントで、大人一九ユーロ（約二三〇〇円、二〇一八年現在）という、ほかの浴場施設と比べると決して安くはない入場料を払い、ロッカーの鍵と、バスタオルとラウデリーナ（サ

［ロウリュ］洗身室　洗身室では、ベリーや白樺などを使った国産のオーガニックソープが使い放題なのも嬉しい

［ロウリュ］サウナ室　［ロウリュ］内には、二つの異なる雰囲気のサウナ室と貸し切り用サウナが1室ある

ウナベンチの座面に敷くエチケットタオル）を受け取ります。フロントにはミニバーが併設されており、低濃度のアルコール飲料も扱っています。サウナ浴の合間にもドリンクを買いに直行できるよう、前もってレジにクレジットカードを預けておくことが可能です。その先に男女別の更衣室があり、もらった鍵の番号のロッカーを使用します。通常の公衆サウナであれば、更衣室で完全脱衣してから洗身室へと向かいます。ですが「ロウリュ」では、水着を着る、あるいは、身体にタオルを巻くよう呼びかけられています。というのも、「ロウリュ」のサウナは、フィンランドの公衆サウナの伝統に逆らった、男女混浴制だからです。

この賛否については、オープン前から、サウナ協会員らとの間で議論が続きました。水着を着て公衆サウナに入るというのは、素肌でサウナ浴を楽しむ観点からはもちろん、衛生上もよろしくない（生地がバクテリアを繁殖させてしまう）という懸念があったからです。ですが最終的に、設計者やオーナーらは「着衣で混浴」の新スタイルを選びました。この採択は、性のバリアフリー化を目指した結果であり、「ロウリュ」では誰もが同じ空間を共有できることがもっとも重要だという、彼らの信念のあらわれです。

更衣室の先の小さな洗身室には、シャワーが四台あり、国内のオーガニック・ソープブランドのシャンプーやボディソープが贅沢に使えます。そして、洗身室を抜けた先からが、男女共有スペースです。

サウナ室三室のうちの一室は、予約制のレンタルサウナなので、一般客は利

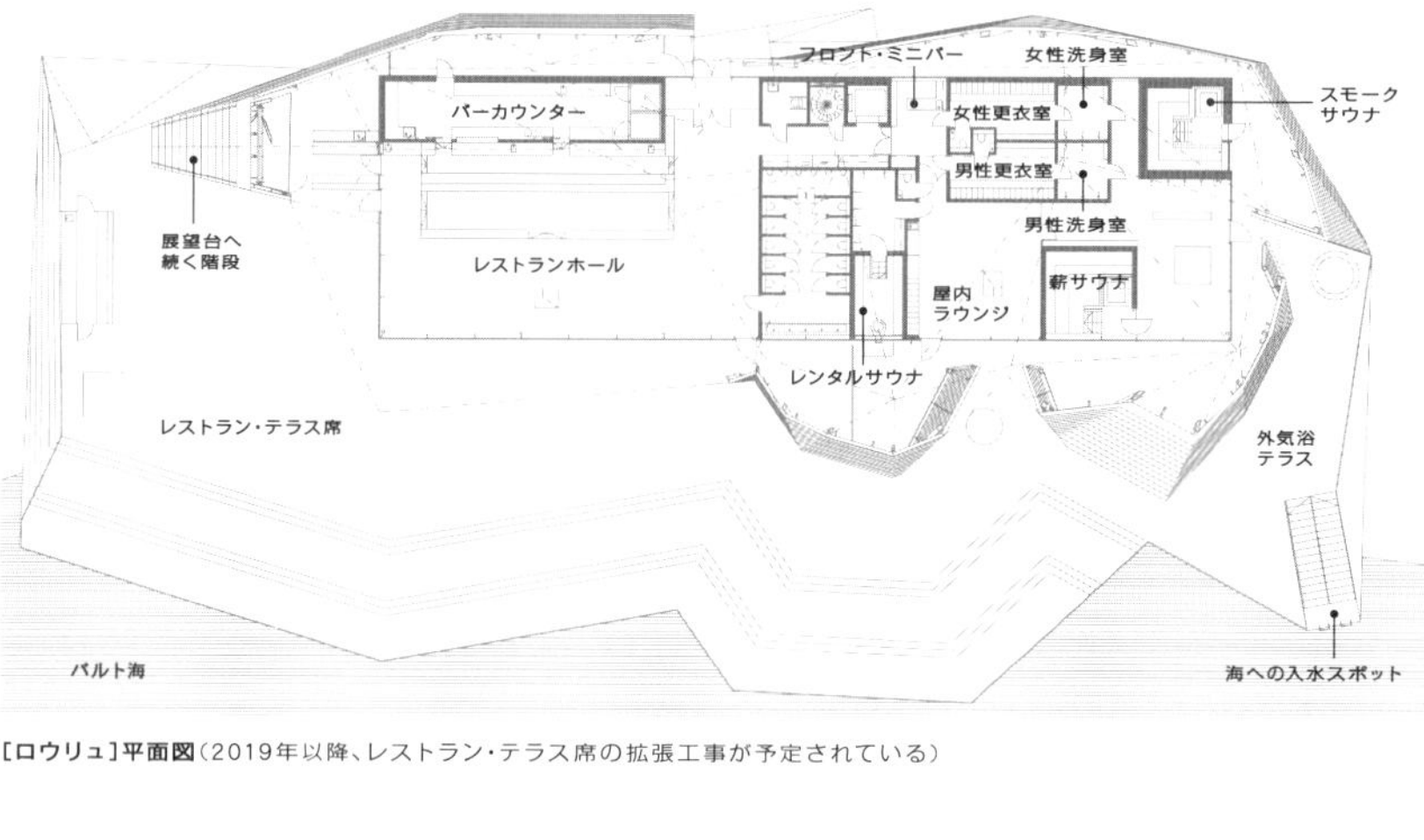

［ロウリュ］平面図（2019年以降、レストラン・テラス席の拡張工事が予定されている）

用できません。公衆サウナ室のうち、室内から直結した一面ガラス張りの明るい空間のほうが、伝統的な薪焚きの巨大ストーブが設置された、約二〇人用のサウナ室。そして、室外に入口を持つ、扉を閉めるとほとんど他人の顔も見えないほど薄暗いサウナ室のほうが、首都圏では希少なスモークサウナです。こちらも収容人数は二〇人ほど。

利用客は、この両サウナと、バーの飲料を持ち込める薪ストーブの焚かれた屋内ラウンジ、そして日光浴を楽しむサンベンチが並ぶ屋外のウッドデッキとの間を自由に行き来し、サウナ浴を満喫します。サウナ室には、管理人がときどきストーブの状態チェックや水の補給に来てくれますが、利用客みずからほかの客と相談して、適宜打ち水をおこないます。

スモークサウナについて補足すると、ストーブ釜に薪を焚べて石と室内をあたためるという点では、薪ストーブのサウナと同じです。ところが、スモークサウナには煙突がないので、薪を燃やせば、有害な煙がサウナ室内に充満しますね。そこで、大量の薪を燃やしきった後に、壁の小さな通気口から室内に滞留した煙をすべて逃します。適温かつ無害な空間に落ち着くまでには、実に七、八時間、手入れをし続けなければなりません。その代わり、十分にあたたまったスモークサウナ室は、その後何時間も、規模によっては半日以上、追い焚きせずとも十分な保温状態が保てるのです。

かつて、スモークサウナ小屋では、人びとがサウナ浴以外の時間も寝泊まりしたり食物を燻したりしていたそうです。しかも、スモークサウナのストーブ

[ロウリュ]レストラン（右）と展望スペース（上）　レストランは室内だけでなくテラス席もあり、広大なバルト海を一望できる

から吹き出す蒸気の質は、もっとも柔らかくて肌心地がよく、湯冷めしにくいと言われています。とはいえ、準備にかかる膨大な時間と手間、そして安全上の問題から、現代の都市部では、すでに長らくスモークサウナ浴の機会が失われていました。つまり「ロウリュ」は、首都へのスモークサウナ文化のリバイバルという役割を果たしたのです。

都心でのスモークサウナ浴という特色に加え、「ロウリュ」において当初から話題を集めていたのが、屋外クールダウン用のウッドデッキから、季節を問わずバルト海に入水できる、という趣向です。夏の海水浴はもちろん、真冬には厚く張った氷に開けた穴の中に、春先は流氷の狭間に、身を沈めることが可能なのです。この行為はまさに、フィンランド人の多くが夏や休暇を過ごすコテージでのサウナライフのオマージュです。

サウナ付きのコテージは、自然に囲まれた湖畔や岸辺に建てるのが通例で、サウナ浴の合間には静寂の湖に飛び込んで、とびきりの開放感と、清らかな自然との一体感を楽しみます。いっぽう「ロウリュ」では、ヘルシンキの都会的な景色に見守られながら、果ての見えないバルト海に入水します。この瞬間、都市生活の閉塞感からにわかに解き放たれると同時に、この愛おしい海辺の街と自分の身体との一体感を、全身で味わえるのです。

●自発的な秩序に守られた、ダイバーシティ・サウナを目指して

また、「ロウリュ」の利用客の特色として、国内外の観光客の割合が非常に多いこ

［ロウリュ］のスモークサウナ室　［ロウリュ］につくられたスモークサウナは、現存する通年の公衆サウナとしてはヘルシンキ唯一と言える

伝統的なスモークサウナ　煙突を持たないため、年季が入るほど排煙部が真っ黒に煤けているのがスモークサウナの特徴

とが挙げられます。フィンランド＝サウナの国、というイメージはいまや多くの外国人が有しているものの、従来、ヘルシンキを訪れた観光客が実際に体験できるサウナと言えば、ホテルについた共同サウナがせいぜいでした。「古き良き」を売りにした老舗の公衆サウナも、サウナ初体験の場としてはハードルが高くよそ者には近づきがたい、というイメージが依然少なからずあります。男女別という伝統も、家族やカップル客を遠のけてしまう一因でもありました。

ところが、この現代的でスタイリッシュな公衆サウナ施設は、近隣住民、ヘルシンキ市民、そしてそのさらに外部からの（サウナ未体験者を含めた）訪問客の、誰しもをまんべんなく取り込むことに成功しています。もっと言えば、知人か否かや、常連か初訪問かといった垣根を超え、そのとき居合わせたあらゆる利用者同士を架橋し、平和的な交流を生む場として機能していることが、いつ訪れても実感できます。

オープン以前のタイミングで設計者や経営者らをインタビューしたとき、先に挙げた男女混浴制に加え、もうひとつの挑戦的な秘策として彼らが挙げていたのが、「利用手順やマナー、禁止事項などを表記する貼り紙を、あえて一切設けない」ことでした。現に、オープン後のいまも、施設内にはこれといった文字情報は見当たりません。これは、店舗側が利用客のふるまい方を規定せずとも、本来は居合わせた客同士で、自然と見倣い合い、教え合いながら、誰もが他人を尊重しつつ自由に楽しめるはず。また、それをきっかけに他者間のコミュニケーションの機会も生まれるはず……という期待あっての試みです。オープンから約二年が経ち、彼らに改めて現状を尋ねてみると、いまのところ、問題視するレベル

［ロウリュ］の更衣室　更衣室にも、注意書きや利用法を示した貼り紙などは一切ない

［ロウリュ］の海へと続く階段　［ロウリュ］名物バルト海への飛び込みには、世界各国からの訪問客が季節を問わずチャレンジする

のトラブルや倫理違反はとくに起きていない、とのこと。つまり「ロウリュ」は、当初の目論見どおり、利用客が協調してつくり出す公衆秩序やムードによってこそ、利用客の多様性を保守できているのです。

〈公衆サウナ・ルネッサンス〉を裏付ける三種の活動パターン

筆者が〈公衆サウナ・ルネッサンス〉と総括する、昨今の同時多発的な実例には、大きく分けて三種の活動パターンが認められます。

ひとつめは、オーナー交代や観光局との連携などによる老舗公衆サウナ店舗の再活性化。二つめは、「ロウリュ」に代表される、新たな公衆サウナのデザイン設計と、その現代的なビジネスモデルの創出。そして最後は、公衆サウナの経営とは呼べませんが、他人同士でサウナ浴をおこなう意義に着目してプロジェクト化させた、非営利の文化振興活動です。

それぞれの代表的な実例やその意義については、三章における公衆サウナの新たな価値の創出に貢献する人物たちのインタビュー録で、具体的に紹介してゆきます。次章ではまず、公衆サウナの現代的な意義に迫る前段階として、フィンランド、とくに首都ヘルシンキにおける公衆サウナの歴史と、それぞれの時代における公衆サウナの存在意義の変遷について、詳しく解説したいと思います。

［ソンパサウナ］　3章（p.121）で詳しく紹介する、一般市民がみずからサウナを建てて自由開放している［ソンパサウナ］

タンペレ・サウナ首都の登録店舗看板　タンペレ市は2018年に「世界サウナ首都」を宣言し、街ぐるみで公衆サウナ文化振興に力を入れている

二章
ヘルシンキ公衆サウナ史

街のサウナ屋さんが流行らなくなったわけ

公衆サウナの店頭(1913年撮影)　20世紀初頭に営業していた有名公衆サウナ、[サウナ・マリエ＝バッド]の入口

一六～一九世紀／ヘルシンキ勃興から遷都まで
移住者が求めた安全な入浴施設

●木造居住区で機能していた、数世帯ごとの共同サウナ

ヘルシンキがフィンランドの首都に定められたのは、一八一二年のこと。といっても、当時のフィンランドはまだ独立した国家ではありませんでした。一二世紀以降、フィンランドは西の隣国スウェーデンの支配下にあり続けました。ですが実質は、スウェーデンと、東の隣国ロシアとの終わりなき領土争いの合戦場。常に国土の上で両国の境界が揺れ動き、それぞれの国の威勢を象徴する要塞が、各所に築かれました。

一八〇九年、ロシアがついにフィンランド領の全域制圧を遂げます。以後、一九一七年の国家独立までの約一〇〇年間は、ロシア皇帝の統治下にありながらも独自の議会と政府の保持が認められた、フィンランド大公国としての時代が続きました。そして、それまでスウェーデンに近い南西の港街トゥルクに置かれていた首都が、同じバルト海沿岸でもずっとロシア寄りの、ヘルシンキへと移されることになったのです。

首都となる以前のヘルシンキの歴史を簡単に振り返っておくと、一五五〇年にスウェーデン王によって築かれたヘルシンキと名の付く街は、いまよりも北寄りの内陸域（現ヴァンター川河口付近）に存在していました。ところが、そこ

19世紀のヘルシンキの街並み（1870年代撮影）　遷都ののちに、木造家屋の並ぶのどかな港街だったヘルシンキの街並みは急変していった。写真手前にサウナ小屋も写っている

1809年当時のヘルシンキ地図　ロシアに遷都される以前のヘルシンキの地図。当時はまだ港周辺しか開拓されておらず、かなり小規模な街であったことがうかがえる

では街が思うように発展しなかったため、より確実な交易拠点づくりを目指して、一六〇〇年代に現在の沿岸部へと移されます。

人もまばらでのどかな漁村にすぎなかった海辺の土地は、ヘルシンキの名を冠してから、にわかに移住労働者や商人が増加します。一八世紀にはロシアの脅威に対抗するため、ヘルシンキ湾に浮かぶ島に大きな要塞も築かれて、豊かで活気ある港街へと変貌してゆきました。

とはいえ、後述するように遷都を機にロシア主導の大都市建設が始まるまでは、ヘルシンキもまだまだ鄙《ひな》びた一地方都市にすぎず、移住者たちの住居エリアには素朴な低層木造住居が並んでいました。住宅は、何世帯かでひとつの庭を共有するように区画整理され、同区画内の住人が共同で利用する、サウナ小屋があったと言われています。

●生活圏にサウナが必要だった一番の理由は、洗身の場の確保

ところで、いまでこそ、洗身は別室のシャワーから出る湯でおこなうのが当たり前。ですが、サウナは長らく、フィンランド人が日常的に身体を洗える唯一の空間でした。寒さ厳しい北欧の地では、冷水で行水というわけにはいきませんし、森はあれど山がないフィンランドには、温泉も湧きません。サウナでは、ストーブの熱を利用して熱湯を沸かせるし、どんな寒い日でも身体を芯からあたためながら清潔にすることができます。だからこそ、古来フィンランド人の生活場所に、サウナは不可欠だったのです。

洗身室を兼ねたサウナ小屋　作曲家シベリウスの自邸「アイノラ」の庭に保存されたサウナ棟。浴室のストーブ（右）と壁を隔てて、ボイラーの設置された洗身・洗濯場が隣接している

古い木造住宅の街並み（1959年撮影）　都市化が進むまでは各地で見られた、低層木造住居の続く街並み

国内の隅々にまでライフラインの発達した現代のフィンランドで、自宅にシャワーがなく洗身用の温水も確保できない、という家庭はまずありません。ですが今日でも、電気や水道を引いていないサマーコテージなら、いくらでもあります。そのような元祖コテージ・サウナでは、ストーブをボイラー代わりに利用して沸かした熱湯を、湖水で適温に下げてかけ湯にするという昔ながらの方法で、入浴の合間にサウナ室内で洗身も済ませます。

この入浴習慣は、古くから北ユーラシア大陸全土に根付いていました。例えば二〇一八年春に筆者が訪れた中央アジア・カザフスタン南東部の村々では、いまだに各家庭への給湯が難しいことから、どの自宅の庭にもサウナ小屋が必ずあり、同様の方法で日常的に入浴と洗身がおこなわれていました（薪や電気は高価なので、ストーブの熱源は石炭が主流）。

●中・上流階級の市民に人気を博した、入浴サロン

共同サウナに話を戻すと、当時のサウナ室では薪焚きのストーブが使われており、サウナ小屋から出火して一気に木造住宅に燃え広がる火災事故も、少なくなかったようです。また、いくらサウナが本来、滅菌作用のある清潔度の高い空間とはいえ、複数の人の洗身室を兼ねていた当時の共同サウナは不衛生になりやすく、ときに伝染病の温床にすらなりました。

こうした背景から、一八世紀なかば以降、住宅区画ごとの共同サウナから徐々に住民の足が遠のきます。都市に暮らす人びとは、衛生面でも耐久面でも、

（上）カザフスタンの民家の庭で現役稼働するサウナ小屋　かつてはフィンランドの民家の庭でも見られた、重要なインフラとしてのサウナ小屋
（右）ボイラー機能を備えた古いサウナストーブ　サウナストーブの上部に水を貯めて沸かし、サウナ浴と同時に洗身用のかけ湯をつくり出すシステム

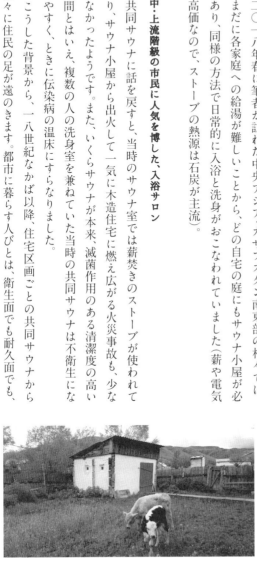

もっと安全な入浴の場を欲していたのです。

一八一二年の遷都によって、都市計画にロシア政府が本格介入してきてからは、ヘルシンキの居住区自体が、おもに南岸部のロシア人や富裕層の住むエリアと、内陸部のいわゆる労働者街とに分断されていきます。とりわけ富裕層街からは従来の木造の街並みが姿を消し、石やコンクリート造りの優美な豪邸や多層階の集合住宅が増えていきました。

この変化のなかで、中流・上流階級層が新たな入浴の場として目を向け始めたのが、今日のスパ施設のイメージに近い、入浴サロンでした。ひとつの建築内に、プール、浴室、施術室、飲食スペースなどを包括した欧州発の保養施設のことで、フィンランド国内でも一八世紀初頭にはすでに、スウェーデンに近い旧都トゥルクや西海岸の諸都市で流行りを見せていました。一八二七年にトゥルクで大火災が起き、多くの移住者が東へ流れてきた際に、ようやく首都にも同様の入浴施設の概念が到来し、一気に建設が進んだようです。

とりわけ、新都ヘルシンキにおいて一世を風靡した施設が、一八三四年に現在のカイヴォ公園のあたりに建設された「ウッランリンナ入浴施設」でした。同地にはもともと、国内最大手の飲料メーカーのミネラルウォーター工場があり、その企業オーナーらが、社の宣伝も兼ねて広大な敷地に入浴サロンと保養施設をオープンさせたのです。施設の常連客は、アッパークラスのヘルシンキ市民だけではありませんでした。当時、ロシア人は海外旅行を禁じられていた

ロシア人居住区の街並み（1890年代撮影） ヘルシンキ市内でも、ロシア人富裕層が暮らす地域はいち早く豪壮な多層階建築が建てられた

薪焚きサウナの準備 ストーブの熱が安定するまでの準備には何時間もかかるので、管理者が少し目を離したすきに火事が起こりやすかった

[ウッランリンナ入浴施設]外観(1870年代撮影)　19世紀に中・上流階級の市民やロシア人旅行客の間で大流行した、[ウッランリンナ入浴施設]

[ウッランリンナ入浴施設]のビーチ(1835年撮影)　海沿いの施設の前にはビーチが広がり、まさに都会のリゾート施設だった

ため、この施設での休暇を目的に、ロシア人富裕層が大挙してヘルシンキ旅行に押し寄せたといいます。

ただ、入浴サロン・ブームもあまり長続きはせず、コレラの流行やクリミア戦争を背景に、一九世紀後半、施設は軒並み閉鎖してしまいました。

●庶民に気安い入浴の機会をもたらした、ロシア発祥の公衆サウナ

富裕層の人びとは、結局は自宅内に、プライベートの洗身・入浴スペース（バスタブなど）を設けることで、日常的な入浴の場を確保します。いっぽう、ライフラインの整備が追いついていない住宅に暮らす民間のために、安全で衛生的な入浴の場を確保する問題は、長らく未解決のままでした。やがて、その状況に一石を投じたのが、ロシアから輸入した「公衆サウナ（ロシア語ではバニャ）」という事業モデルでした。

実はロシア諸都市の労働者街には、一九世紀以前から、労働者階級の人びとが安価で洗身やサウナ浴をおこなえる、有料の公衆サウナ施設が存在していました。面白いことに、このロシア発の公衆サウナ・ビジネスは、先述した、以前からフィンランドの諸都市の居住区画ごとに存在した共同サウナの形式から着想された業種とも言われています。ですがともかく、地域内の不特定多数の住民が集い、低所得者でも手の届く料金で最低限の洗身やサウナ浴をおこなえる民間経営の入浴施設、というアイデアは、フィンランド独自の業態ではなく、ロシアの模倣にすぎなかったのです。

（上）1950年当時の労働者街カッリオ地区の街並み　労働者たちが多く住み、公衆サウナが最も数多く存在したカッリオ地区の1950年代の街並み

（左）公衆サウナの店頭（1950年撮影）　公衆サウナ店舗のオープンを待つ客の列

民間主導の公衆サウナ・ビジネスは、一九世紀後半に、ヘルシンキ市内で普及の兆しを見せます。とくに、市の人口が一〇万人を突破した二〇世紀初頭には、労働者街を中心に店舗数を増やしてゆきました。首都圏には、入浴サロンのような公衆サウナ専用の新しい建物を建てる土地は簡単に見当たらなかったので、商業建築や集合住宅の一～二フロアや地階を借り、浴室につくり変えた程度の店舗が主流でした。

当時の一般的な公衆サウナには、男性用浴場、女性用浴場、そして番号のついた貸し切り用の浴室がいくつかありました。ロシアでもフィンランドでも、一九世紀には文明人たるものサウナ浴は男女別でおこなうべき、という考えが都市部で定着しつつあったので、混浴を避ける代わりに、家族や小グループのための小規模な貸し切りの入浴室も提供されたのです。男女別の浴室の収容人数は店舗の規模により幅があり、定員一〇人以下の小規模店舗から、三〇～四〇人が同時にサウナに入れた大規模店舗までが、存在していました。

翻ってわたしたち日本人は、「銭湯」という建築学的・芸術的にも審美価値の高い伝統的空間を継承してきたわけですが、フィンランドの公衆サウナの記録写真を見れば、審美性とはあまりに無縁の粗野な空間に、いささか驚かされます。伝統的なサウナ小屋同様、最小限の明かりが灯るだけの暗がりのサウナ室には、通常、焼却炉のような無骨な巨大サウナストーブと、数段のベンチが設置されているのみ。壁には、もちろんペンキ絵やタイル絵などは存在せ

公衆サウナの浴室(1972年撮影)　現在の[ロウリュ](p.109)があるエリアに1970年代に存在した公衆サウナのサウナ室

公衆サウナの看板(1975年撮影)　店頭に出ていた公衆サウナの看板。月曜から土曜まで毎日、朝9時から夕刻まで営業していたようだ

ず、空間のデザインやアートの力で、より洗練されたサウナ浴時間を追求しよう……という発想なんて、当時は皆無であったことが想像されます。

戦後〜一九五〇年代／ヘルシンキ・公衆サウナの黄金時代

●検証はもはや絶望的！〜二〇世紀の、市内公衆サウナ店舗数の推移

筆者は、フィンランドの公衆サウナ研究を始めるにあたって、まずはヘルシンキ市内の公衆サウナ軒数の推移を調べようと、歴史資料や文献に片っ端からあたりました。ところが、一九一七年の独立をめぐる社会情勢の変化や、そもそもフィンランドの公衆サウナは日本の銭湯のように行政の関与がないという状況も災いし、年ごとの店舗数の統計は、歴史上調査すらされてこなかったようなのです。つまり、正確な検証はいまとなっては絶望的というのが現実でした。一九〇七年以降一九八五年まで、まばらながら約一〇年分だけは、ヘルシンキ市議会の臨時調査や、フィンランド・サウナ協会による調査報告によって、営業店舗数が具体的に発表されています。ですがあとは、例えば電話帳に登録された店舗数などを頼りに、年ごとの最低数や、大まかな軒数の推移を単純推測するくらいしか、為す術がありませんでした。

ともあれ、わずかな手がかりから、二〇世紀のヘルシンキ市内の公衆サウナ

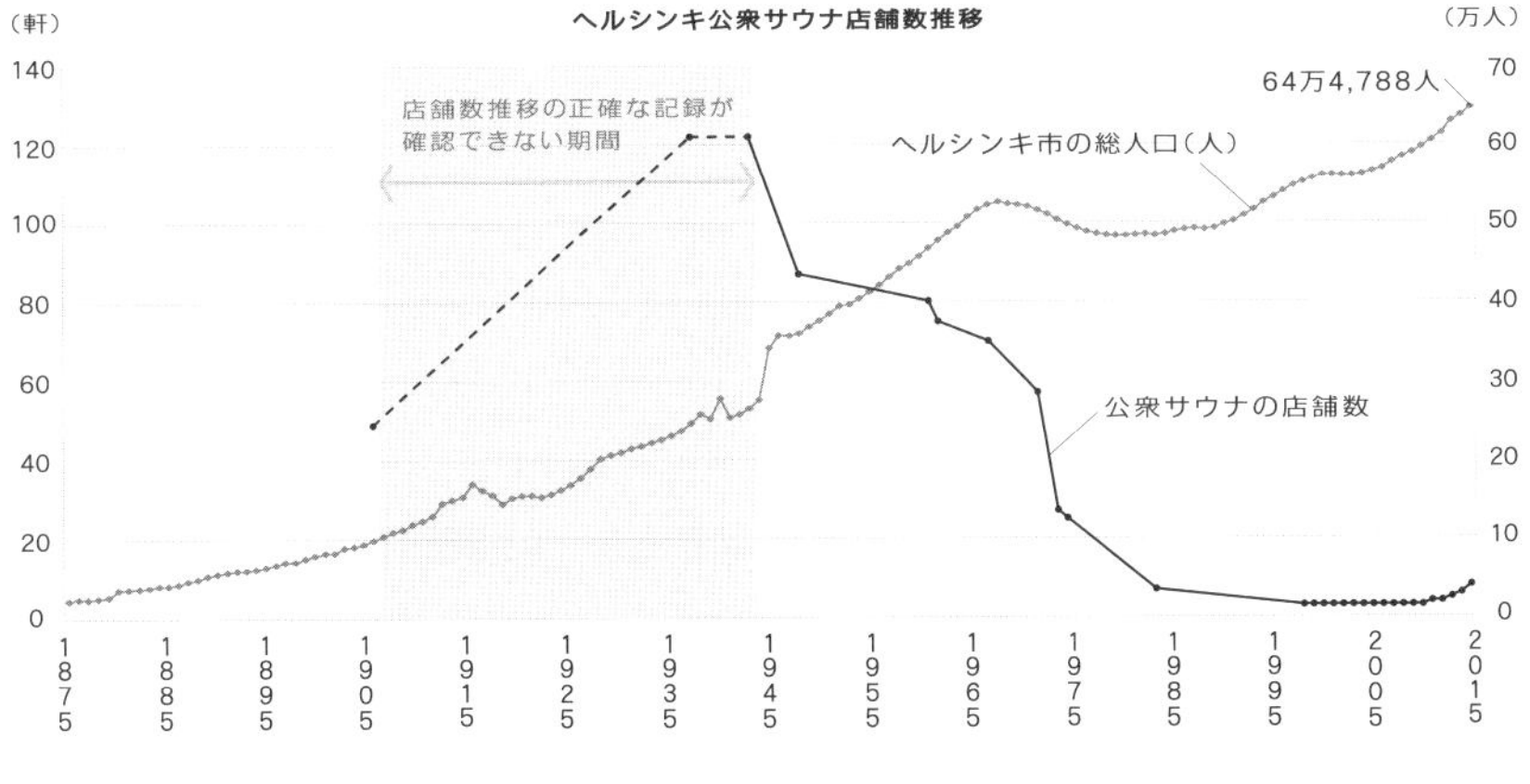

軒数の推移を読み解くと、第二次世界大戦を挟んだ前後数年が、もっとも営業店舗数が多く（少なくとも一二〇軒）、大戦直後をピークに、一九五〇年代には緩やかな減少傾向が始まっていたことがわかります。とりわけ、市内の人口増加が頭打ちとなり、しかもオイルショックに見舞われた一九七〇年代半ばに、ガクッと二〇軒台にまで激減。さらに、最後に具体的な現存軒数が明らかにされた一九八五年には、すでに七軒にまで落ち込んでおり、このうちのわずか三軒が、今日まで営業を続けるのみです。

●公衆サウナが黄金期を迎えるに至った、三つのターニングポイント

店舗総数の推移とは若干の錯誤があるものの、実質的に、ヘルシンキの公衆サウナ業界がもっとも活気に満ちていたのは、一九四〇年代後半から一九五〇年代だったはずだと、筆者は推測しています。当時、それまで自助自立していた経営者たちを結束させ、公衆サウナ業界全体に生気や希望を与えたと考えられるターニングポイントは、次の三つです。

第一に、終戦前の一九四三年、国内諸都市で公衆サウナの事業主らが「フィンランド民間公衆サウナ連盟（Suomen liikesaunojen liitto）」を発足させています。当時、大戦の混乱を背景に、多くの浴場経営者が事業継続に消極的でした。その苦況を、協調的に打開しようとする動きが興ったのです。

連盟は当初、「公衆サウナの事業主同士で結束して利潤追求していくととも

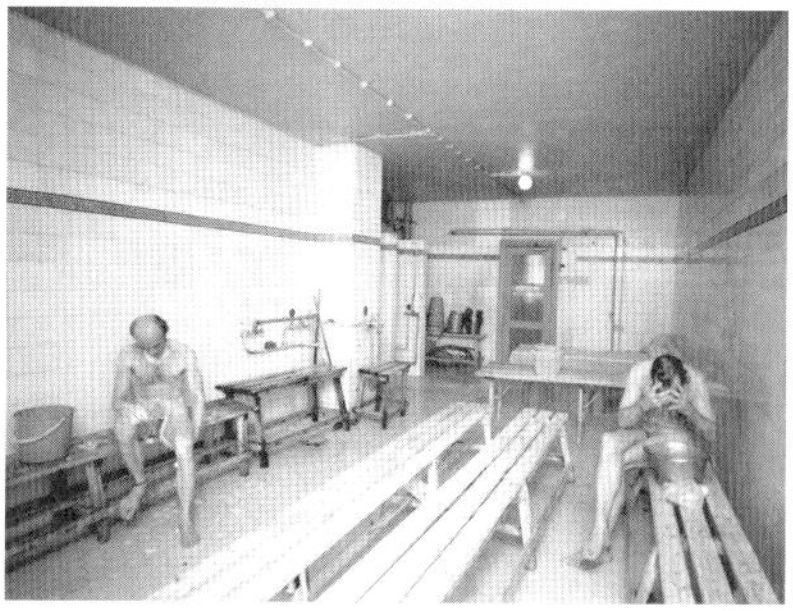

公衆サウナの洗身室（1970年撮影）　サウナ室の前室にあった洗身室。ここで各自台座を利用して体を洗っていた

公衆サウナの更衣室（1981年撮影）　日本の銭湯によく似た木製のロッカーがずらりと並んでいる

(上)開店時間を待つ客たち(1981年撮影)　左が男性浴場で右が女性浴場。戦後は「SAUNA」のネオン看板を掲げる店が多かった　**(右下)公衆サウナのフロント(1972年撮影)**　公衆サウナの番台に当たるフロント。ここでまず料金を払い、ロッカーの鍵を受け取る　**(左下)老舗公衆サウナの現在の賑わい**　1928年創業のヘルシンキ現存最古の公衆サウナ、[コティハルユ・サウナ](p.35)の現在の雰囲気。店頭は昔から外気浴をする老若男女で賑わっている

に、フィンランドのサウナ文化を発展させ、サウナ浴の、衛生面と健康面、そして生きる喜びを助長する面での意義を打ち出していく」ことを活動理念に掲げました。とりわけ、戦争の惨劇のさなか、サウナに「生きる喜び」を託した文言からは、いまこそ公衆サウナの内包的な価値も発掘してゆかねば、というオーナーたちの気丈な使命感が伝わってきます。

実際、本来のフィンランド・サウナは、「すべての肩書きから解放されて、万人が等しく快楽を享受するべき場所」という、戦争行為とは真逆の平等・平和思想に守られた空間。戦時中や終戦後の、不穏で絶望的な空気の漂う時代において、公衆サウナが、市民を身体的にだけでなく精神的にも癒やしてくれる拠り所になりえたことは、想像に難くありません。

また、「サウナ利用客の一〇箇条」は、戦後に連盟が発表した、いわば公衆サウナ版十戒です。当時、常連客も各地からの新たな移住者も一緒にサウナに入るという状況から、客同士のトラブルも起こりやすく、共有すべきマナーを指南する必要が出てきたのでしょう。条項は、「サウナは神聖な場であることを忘れずふるまうべし」という伝統的な決まり文句に始まり、「洗身時にはほかの客に水がかからないよう注意すること」「飲酒禁止（市警法による）」「転倒事故を防ぐために、サウナで石鹸は使用禁止」「飲み物の料金の支払いを忘れないこと」「着替え終わったら脱衣所を速やかに譲ること」といった、まさに日本の浴場で見かける貼り紙を彷彿とさせる、具体的な注意・禁止事項が列挙されています。

民間公衆サウナ連盟の会報誌『ロウリュ』　少なくとも1960年代までは年1回発行されていた、フィンランド民間公衆サウナ連盟の会報誌

飲料のサウナ持ち込みを禁止する看板　今日でも、少なくとも浴室内には飲み物の持ち込みを禁止する店舗がほとんど

連盟はこのほかにも、料金統制や独自の広報誌の刊行、サウナにまつわるイベントデーの主催など、日本の浴場組合とも非常によく似た諸活動に取り組んでいた記録が残っています。ただ、連盟自体は一九八〇年代まで存在していましたが、求心力を持ち活発に活動していたのは、発足からわずか一〇年くらいの間にすぎなかったようです。注1

第二には、戦後の市民の入浴機会や公衆衛生の状況改善のために、一九四六年にヘルシンキ市議会が「サウナ委員会(Saunakomitea)」なるものを設置し、市内の入浴事情の調査や、今後のガイドライン作成に乗り出します。一九五〇年秋には、「すべてのヘルシンキ市民が、週に一度は適正な価格でサウナ浴をおこなえる状況を整えなければならない」という声明を掲げ、約五〇頁にわたる報告書を一般公開しました。

ただし、このサウナ委員会が果たした具体的な状況改善は、公営の公衆サウナの創設・運営や、新しい民営公衆サウナの開業援助にまでは及びませんでした。委員会が主導したのは、例えば、利用料や既存施設の維持費の補助、公衆サウナ店舗が不足しているエリア内(自宅への温水供給が実現できていない地区)での新規店舗用のテナント確保など。とはいえ、これが歴史上ほぼ唯一、行政が直接的に入浴事業に関与してきた事例と言えます。

最後に、人びとが公衆サウナの文化的側面に意識を向ける契機となったの

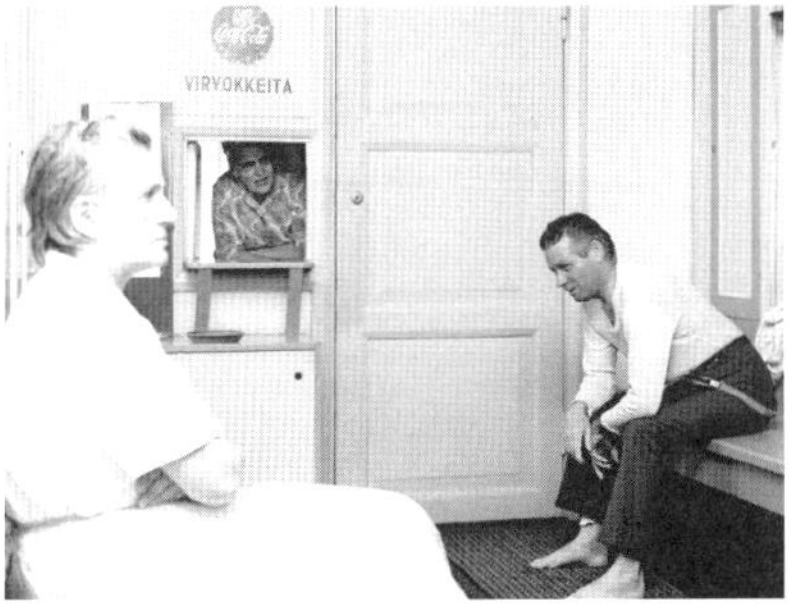

入浴後に一息つく男性客たち 更衣室の小窓から顔を出しているのは、飲料の売り子さん

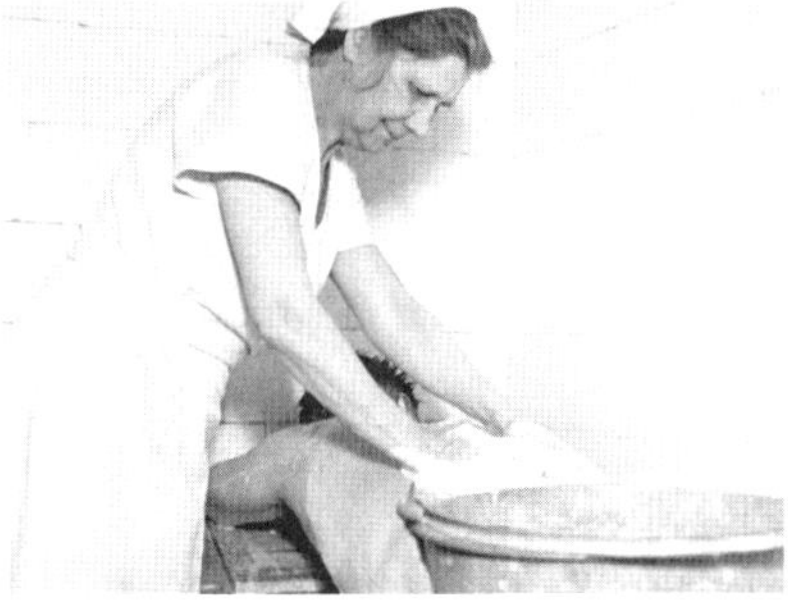

公衆サウナで洗身サービスを施す女性(1950年撮影) 各サウナ店舗には、洗身やマッサージ、吸玉療法などの有料サービスをおこなう女性スタッフが待機していた

が、一九五二年のヘルシンキ五輪開催に向けた招致・準備活動です。敗戦直後の、金銭も物資も不足した状況下で、ホスト国としてどのように諸外国からの客をもてなし、自国の文化や国民性をアピールできるか。そのアイデアが模索されるなか、国のシンボルのひとつとして注目を集めたのが、国民が愛してやまないサウナという入浴習慣でした。おもには、市内ホテルのサウナ室の整備や関連プロダクト開発に力が注がれましたが、都心の日常的なサウナ浴の場として、街角の公衆サウナにも、にわかに期待が寄せられました。

そこで、既存のサウナ施設を外国人客に見せて恥ずかしくないレベルの空間にするため、先のフィンランド民間公衆サウナ連盟が舵を取り、施設や設備の再整備を進めました。さらには、営業時間外に市内の学校の児童を招致して、集団サウナ体験の機会を提供するなど、ヘルシンキ市民に対する〈世界に誇るべき文化〉としてのサウナの啓蒙活動にも、公衆サウナが積極活用されたのでした。

このように、戦後から一九五〇年代にかけては、サウナや公衆サウナの存在価値が、以前よりも多元的に見出され、消費されていった、まさに業界の最盛期であったと言えます。とりわけ、フィンランドが自国らしさを模索する時流に乗って、サウナや公衆サウナが、単なる市民の入浴の場ではなく、街の「文化資源」のひとつとして初めて目を向けられた現象は、注目に値するでしょう。

ヘルシンキ五輪の開催風景　セーリング競技の会場にて各国の旗が掲揚されるようす

ヘルシンキ五輪メインスタジアム　敗戦からわずか7年後の開催に成功し、経済成長の足がかりとなった1952年ヘルシンキ五輪のメインスタジアム

一九六〇年代〜／ヘルシンキ・公衆サウナの衰退期

●新たなライバルは、都市型プライベートサウナやスポーツ施設

一九六〇年代以降、とりわけ一九七〇年代に入ってから、急速にヘルシンキの街角から公衆サウナが姿を消していった理由は、なんだったのでしょう。

一番の要因は、プライベートサウナや集合住宅の共同サウナの復権です。そもそも、人口過密地域や集合住宅でサウナを諦めざるを得なかった理由は、サウナストーブの薪焚きにはらむ耐火問題でした。ところが、一九三八年に、とある国内企業がついに世界初の電気サウナストーブを開発。普及にはしばらく時間を要したものの、安全性や利便性の高い電気ストーブを導入した清潔度の高いサウナ室が、やがて都市の一軒家やテラスハウス、そして集合住宅内へと広まり始めたのです。家族や内輪で自由に利用できるサウナを手に入れた大半の市民は、当然ながら、お金を払って赤の他人と身を寄せ合う公衆サウナへ行く必要性を失ってしまいました。

戦後の、大型サウナを有するライバル公共施設の台頭も、衰退の大きな要因のひとつです。その代表格が、市民のエクササイズ人気に伴い市内に数を増やしていった、屋内プール施設やスポーツ・ジムでした。運動でかいた汗を、同じ施設内に設置されたサウナで流しつつ、ロウリュを浴びてリラックスもする、という余暇の健康習慣が持てはやされたのです。とくに市営プールの利用料は

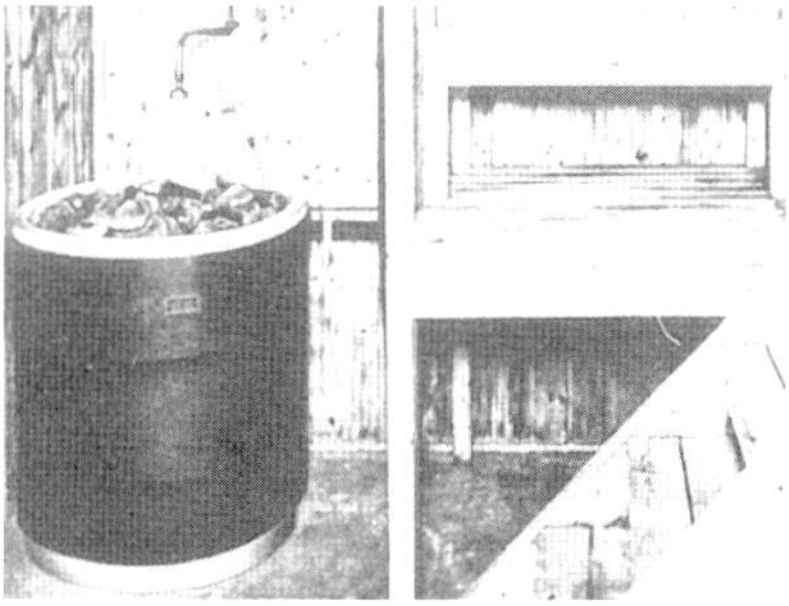

世界最初の電気サウナストーブ（1938年撮影） 電気サウナストーブは、今日ではキッチン用具メーカーとして知られるメトス社（Metos Oy Ab）が1938年に開発成功した

公衆サウナへ向かう女性たち（1958年撮影） 今日ではほとんど見かけなくなったが、当時は自前の葉束を持ってサウナに向かう客も多かった

安いものでしたから、サウナ浴だけを目的に有料施設に通うのはもはやナンセンスだという価値観も、もっともでした。

こうした要因に加え、オイルショックに伴う不況の打撃や、経営者の高齢化および後継者問題といった、日本の銭湯業界とも相通ずる苦況から、公衆サウナに通う人の数も、店舗数も、あえなく減衰してしまいました。

●ある写真展が気づかせた、「サードプレイス」としての公衆サウナの価値

一九七〇年代には、すでにフィンランド民間公衆サウナ連盟も形骸化し、誰に危機感を持たれることもなくひっそりと、公衆サウナ・ビジネスは絶滅危惧産業への道を進んでいました。ところが一九七七年に、二つの「外部の目」が、初めて業界の深刻な現状を捉え、世間に警鐘を鳴らし始めます。

その第一人者は、フィンランド・サウナ協会の会員たちでした。フィンランド・サウナ協会は、一九三七年の発足以来、公衆サウナ連盟よりも包括的に、国内のサウナ文化発展のための事業に尽くしてきた、サウナ愛好家や関連事業者らによる非営利団体です。ヘルシンキ郊外の海辺に運営される会員用のサウナ・サロンは、今日まで、フィンランド国内の至高のサウナ施設と崇められています。

この年、協会の発行する季刊誌『サウナ・レヘティ(Sauna - lehti)』にて、過去約一五年間におけるヘルシンキ・公衆サウナの店舗数のおおまかな推移や、客層の比率変化などの独自調査の結果が発表されました。[注2]この対象期間の一五年内にもすでに五〇軒以上が廃業していたことがわかり、このペースで廃業が続けば、数

入浴料引き上げの理解を求める広告　維持費高騰などを背景に、入浴料の底上げなしにはサウナ閉店は避けられないと連盟は訴え続けていた

ヘルシンキ最古の屋内プール(1929年撮影)　ヘルシンキに現存する最古の屋内プール施設、[ウルヨンカトゥ市営プール](p.35)。館内にはサウナ室もあり、やがて公衆サウナの競合施設となった

年後に公衆サウナは街から完全に消滅してしまうだろう、と調査報告の執筆者は焦燥感を露わにしています。

いっぽう同年秋、地元の写真家ニッセ・アンデルソン（Nisse Andersson）がヘルシンキ市博物館にて、消えゆく市内の公衆サウナと、そこでサウナ浴をおこなう市民の姿を徹底的に捉えたドキュメンタリー写真展を開催し、その切り口の斬新さが反響を集めました。彼は、いまここで自分が記録しておかないと、もう二度と公衆サウナの風景や記憶が後世に引き継がれることがないと考え、撮影プロジェクトに着手したといいます。サウナ室内のありのままの雰囲気を切り取るために、フラッシュは一切使わず、レンズに特殊なくもり止め加工をおこなって、各店舗でシャッターを切り続けました。この写真展の批評が、先述したサウナ協会の季刊誌[注3]にも、大きく掲載されました。評者は、写真に写っているのは、利用客のアットホームで友好的で、楽しそうな雰囲気であり、それは、プライベートサウナには代わりを果たせない、公衆サウナの〈コミュニティ〉としての魅力ではないだろうかと、強調しています。失われつつあるものへのノスタルジーの情感が加味されているとはいえ、公衆サウナ特有の〈コミュニティ〉の価値が言葉で評価されたのは、おそらくこのときが初めてです。

一九七〇年代当時にはまだ存在しなかったフレーズですが、近年は日本でも、公共の場に形成されるコミュニティ全般に対して「サードプレイス」という呼び名が一般化しました。サードプレイスとは本来、アメリカの都市社会学者レイ・オルデ

サウナ協会所有のサウナ・サロン 1952年にヘルシンキ郊外の海辺に建てられた、フィンランド・サウナ協会の総本山とも言える［ヴァスキニエミ・サウナ］

協会のサウナ・サロンでくつろぐ会員たち（1952年撮影） 協会所有のサウナ施設には、温度や趣向が異なる七つものサウナ室や海に面した休憩室がある

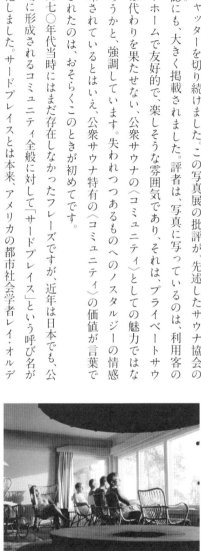

ンバーグ（Ray Oldenburg）が一九八九年に提唱した、わたしたちの日常生活を支える〈居場所〉の性質を区分するための語です。彼は、自宅を「ファーストプレイス」、職場を「セカンドプレイス」としたうえで、カフェやバー、公園、図書館のような、一個人としてくつろげる、文化的でゆとりや活気に満ちた心地よいコミュニティ空間全般のことを、「サードプレイス」と位置づけたのです。[注4]

その定義に従えば、いまでこそ、公衆サウナもれっきとしたサードプレイスのひとつに数えられるかもしれません。ただし一九七〇年代当時はまだ、公衆サウナを日常におけるインフラ施設として捉えていた市民の方が圧倒的多数でした。ゆえに、すでに「公衆サウナ離れ」した大多数の民衆は、アンデルソンの写真を通してその価値観に気づき、あるいは経験的に思い出して、ふいに懐古の念に駆られたのでしょう。しかし、その情が社会的な公衆サウナ復権運動に繋がるということはなく、時すでに遅し、であったことは否めません。

二一世紀の〈公衆サウナ・ルネッサンス〉新風

一九八〇年代以降しばらくは、都心のバーやクラブにレンタルやイベント用のサウナ室がつくられることはありましたが、公衆サウナの新設はありえず、なんとか生き残った三軒の老舗店舗だけが、新たな世紀の到来を静観しまし

ニッセ・アンデルソンの写真作品1　ヘルシンキの公衆サウナの風景写真ばかりを展示した写真展「Stadin sauna」の出展作品

ニッセ・アンデルソンの写真作品2　利用客のようすや表情を写した作品が多かったようだが、残念ながらそれらは肖像権の問題で今日まで残されていない

た。ところが時が流れ、国家独立から丸一〇〇年が経った二〇一七年。いつの間にかヘルシンキには、老若男女の客で賑わう老舗店舗三軒に加え、通年営業の新築の公衆サウナが二軒開業。さらに季節限定オープンの店舗、非営利施設、古い建物内にあったサウナのリノベーション施設などを含めると、実に一〇軒近い新規店舗が、今日も街角で賑わいを見せています。昨今は、ヘルシンキにとどまらず国内の諸都市にも、明らかに同様の現象が波及しつつあります。

「いま、なぜ公衆サウナなのか?」という問いには、明快な唯一の正解が見出せるわけではありません。ですが少なくとも、各地でそれぞれのプロジェクトを提起し、熱意と誇りをもって実現に導いた人たちは、みんな独自の解法を握っています。その解答例をこつこつと集めていけば、この一〇年内に顕在化した、怒涛の〈公衆サウナ・ルネッサンス〉現象を支える新しい価値観や時代背景が、浮かび上がってくるはずです。そのために次章では、六つの特徴的なプロジェクト事例と、それらに潜在するユニークな主義主張を、プロジェクトリーダーや彼らを支える関係者の証言を頼りに解き明かしてゆきます。

注1 一九五二年に発刊された連盟の会報誌「Löyly」では、すでに、なぜ近年公衆サウナの利用者が減ってきているのかについての考察が見られる。そこでは、失業者の増加による入浴料の節約傾向、自宅や集合住宅にサウナやシャワーが整備され始め、とくに子連れの家庭が、子どもを就寝前に入浴させる場として自宅を選ぶ傾向があることなどを指摘している。後者は、フィンランドでは伝統的に子どもは裸で寝るようしつけるため、公衆サウナに行くと一度服を着させなければいけない煩わしさが指摘されている。また、一九五二年に完成したサウナ協会所有の会員制サウナ・サロンも、新たなライバルとして名が挙がっている。

注2 Sauna - lehti 1/1977 "Helsingin yleisten saunojen lukumäärä ja numeerinen kehitys(ヘルシンキの公衆サウナの店舗数と数値の改善)"

注3 Sauna - lehti 3/1977 "Stadin sauna(スタディ・サウナ)

注4 "The Great Good Place: Cafes, Coffee Shops, Bookstores, Bars, Hair Salons, and Other Hangouts at the Heart of a Community", Ray Oldenburg, 1998, Da Capo Press/翻訳書『サードプレイス― コミュニティの核になる「とびきり居心地よい場所」』レイ・オルデンバーグ、2013、みすず書房

[ロンナ・サウナ]外観 ヘルシンキ湾に浮かぶ小さな島に2017年新たにオープンした、夏季限定の公衆サウナ[ロンナ・サウナ](p.35)

[アッラス・シー・プール]外観 2016年秋に、観光名所でもあるエテラ港沿いにオープンしたサウナ施設(p.35)。海上に屋外プールも設置されている

Column

現存最古の公衆サウナで学ぶ、フィンランド・サウナの楽しみ方

[ラヤポルッティ・サウナ](p.73)

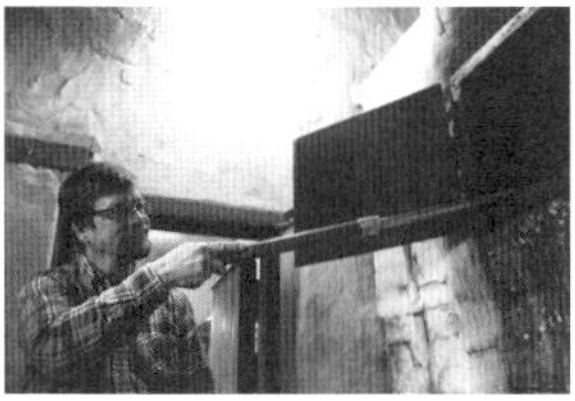

❶毎朝、早朝から薪ストーブの準備開始。長大な薪木を何本も燃焼させて、巨大なストーブの心臓部にある、重さ1トンに及ぶサウナストーンが真っ赤になるまであたため続けます。最後に水をかけて温度調整。朝に仕込めば、その後一日中、薪を追加投入しなくてもOKな保温状態に！

(右)壁と同化した石造りのサウナストーブは、なんと3立米もの大きさ！
(左)サウナ室のベスト温度は75度！

❷午後6時(週末はお昼すぎ)から営業開始！公衆サウナ版番台の小窓(写真左)から入浴料を払って、男性は右へ、女性は左へ。タオルの貸出や、飲み物の販売もおこなっています。

(右)番台の中はこんな感じ。更衣室にはロッカーがないので、頭上のボックスで貴重品だけ預かってもらえます。施錠もされず丸裸で保管、のユルさですが……

❸更衣室はベンチとコート掛けがあるのみで、貴重品以外の荷物は、お互いを信用してベンチに放置。着替える人、休憩する人、サウナ上がりの人の交流の場でもあります。

更衣室にあるドライヤーは無料！

❹サウナ浴の前は、お風呂と同じく水槽のお湯でかけ湯をするのがマナー。サウナで汗をかくので、洗身は最後でもOK!

かけ湯用の水槽は、壁を隔てて女性側の水槽と繋がっています

❺さあいよいよ、サウナ浴。ベンチには、自前のタオルかマットを敷いて座るのがエチケットです。退席中の場所取りはNG。利用客自身が、サウナストーンに長い柄杓で水をかけてロウリュ(蒸気)をつくります。利用者同士で心地よさを確認し合いながら、自由なタイミングで。ラヤポルッティのサウナストーブは、男女のサウナ室をまたぐように中央にでんと構えていて、男性側で水を打つと、女性側にも蒸気が発生します。仕切り壁はあれど、互いの部屋の声は筒抜けなので、「熱すぎる！」「そろそろ出る〜？」といった声掛けも可能。

(左上)国内でもここだけの珍しい2階建て構造。上がサウナ室で下が洗身室　(右上)白樺の葉束も店頭で買えます　(下)公衆サウナでは男女別で裸入浴が基本！

❻身体が火照ったら、バスタオルを巻いて男女共用の中庭(写真左)やカフェ・バーでクールダウン。地元の醸造所とつくったオリジナルビールもありますよ。外気浴をしながら客同士の交流を楽しみ、身体が冷えてきたら再びサウナへ！

(右)ラヤポルッティでは、併設するカフェ・バーにもバスタオル姿で入室OK

[ラヤポルッティ・サウナ](p.73)

三章 新世代のアイデアと実践

プロジェクトリーダーたちが考える「いま、なぜ公衆サウナなのか？」

［ソンパサウナ］（p.121）にたむろする人びと

一章の終わりで、二〇一〇年代に顕在化してきた〈公衆サウナ・ルネッサンス〉とは、複数の異なるプロジェクトの、同時多発的な結実を総括した現象のことで、大きく三種の活動パターンがあると説明しました。再掲すると、ひとつめは、オーナー交代や観光局との連携などによる老舗公衆サウナ店舗の再活性化。二つめは、新たな公衆サウナのデザイン設計と、その現代的なビジネスモデルの創出。そして最後が、他人同士でサウナ浴をおこなうという状況を活かした、非営利の文化振興活動です。

本章では、各活動パターンから二件ずつ、計六件の実例を紹介します（厳密には一件、真の実現には至らなかった事例もあえて含ませてあるのですが）。ただし、注目したいのは事例そのものではなく、それぞれのアイデアの発起から実現にまで力を尽くした「人びと」の、バックグラウンドや思考と活動のプロセスです。彼らが、これまでにどんな人生を歩んできて、その道程でどうして公衆サウナに惹かれたのか。現代の街に公衆サウナを蘇らせることに、どんな可能性を見出し、プロジェクトを始めたのか。そして、実際にどんな困難や反響を経験したのか……。

彼らの生気や情熱が宿ったインタビュー録からは、きっと図面や報告書よりもリアルに、「いま、なぜ公衆サウナなのか？」の問いに対する、説得力ある解法の数々が見えてくるはずです。

File_1

地元住民の執念に救われた現存最古の公衆サウナ

老朽化したローカル浴場を、街を活性化する資源に

ヴェイッコ・ニスカヴァーラ／「ラヤポルッティ・サウナ」運営代表者

首都ヘルシンキから約一六〇キロ北上した先にある、湖水地方に拓かれた工業都市タンペレ。フィンランド現存最古の公衆サウナは、このタンペレ市郊外のピスパラ地区で稼動しています。名前は、「ラヤポルッティ・サウナ(Rajaportin sauna)」。この場所に住居を構え、もともと商店とパン屋を営んでいたご夫妻が、一九〇六年に創業した老舗サウナ屋さんです。

ツタに覆われた門をくぐってすぐ右手にある、切妻屋根の小屋がサウナ棟。通路脇や中庭のベンチは、桃色の肌からほやほやと湯気を漂わせ、飲み物片手にクールダウン中の老若男女であふれています。その無防備な姿は、開けっ放しの門外の通行人からも丸見え。ですが、そんなの誰も気にすることなく、居合わせた客同士でまったりと歓談しています。

●創業時から稼動し続ける、唯一無二のパワフル・サウナストーブ

このサウナの創業当初からの自慢はなんといっても、男女のサウナ室を仕切る壁を一部ぶち抜くように仁王立ちしている、三メートル四方にも及ぶ巨大サウナストーブ。両サウナ室から打ち水が可能で、片側から水を打つだけでも、すぐさま両室に強力なロウリュを行き渡らせます。サウナストーンだけで重さ一トンを超えるといい、毎日開店前には、このお化けストーンが真っ赤になるまで、職人が何メートル分もの薪を焚べ続けます。この準備段階の重労働は、いまも昔も変わりません。

ところで「ラヤポルッティ」には、フィンランド語で「境のゲート」という意味があります。ピスパラ地区が、ちょうどタンペレとの市境に位置していたので(一九三七年にタンペレ市に併合)、この名が付けられたのでしょう。実は、かつて店のメイン顧客はピスパラ地区の住民だけではありませんでした。古くから「ラヤポルッティ・サウナ」の前には、近隣の自治体とタンペレ中心街とを繋ぐ大きな国道が通じています。郊外の村から中心街へ上る人びとの間では、道中このサウナに立ち寄って、ひとっ風呂ならぬ「ひとサウナ」を浴び、身を小綺麗にしてから都会へと繰り出す習慣が定着したのだそうです。

二〇一八年現在、入浴料は徴収するものの、厳密には「営業店」ではありません。ピスパラ地区サウナ協会という地元団体が、タンペレ市の所有物である公衆サウナと

カフェ施設を借用して運営している、非営利事業です。

ヴェイッコ・ニスカヴァーラ（Veikko Niskavaara）さんは、この協会の設立当初からのメンバーのひとり。近年は運営代表を務めており、敷地内を歩けば常に四方から呼び声のかかる、今日の「ラヤポルッティの顔」です。毎日無事に開店したのを確認したあとは、お客さんに混ざって夕飯時前のサウナ浴を楽しみます。

こうして、いまでこそ毎日変わらぬ平穏な光景が繰返されますが、実は過去には何度も、ストーブの火が途絶えかけています。けれど危機に瀕するたびに新たな継承者や存続協力者が名乗りを上げ、リレーのようにバトンを継いでいった、波乱万丈の歴史がありました。ヴェイッコさんら地元住民は、どのような策で巨大ストーブを守り抜き、今日のように地元客と遠方客とで連日賑わう人気スポットへと発展させたのでしょうか。

●家族経営から、サウナ存続を願う人びとの経営リレーの時代へ

「ラヤポルッティ・サウナ」は、創業当初から一九六五年まで、二代にわたる家族経営が続いていました。ですが、例に漏れず公衆サウナの経営が厳しくなっていた一九六〇年代に、二代目の家族に続いた不幸や病が追い打ちをかけます。さらに同時期、市が近くの公道の拡張工事を見据えて、突如土地と建築を買収する出来事もあり、家族経営体制はついに立ちゆかなくなってしまいました。

ところがその直後、二代目家族の近所に住んでいた一人の中年女性が市に賃貸借契約を持ちかけ、サウナの運営権を取り戻すことに成功します。この女性は、母親がかつて「ラヤポルッティ・サウナ」で働いており、自身も幼少期からの常連客。なんとしても自分と地域住民の愛すべき浴場を守りたいという強い思いから新オーナーに就き、未経験のサウナ経営に着手したのでした。一九六〇年代といえば、国内で女性の台頭や社会進出が目覚ましかったころ。この行動力ある女性オーナーの、気配りに満ちた運営センスと、酔っぱらい客への毅然とした対応は、当時の利用客の記憶に焼き付けられました。

そんな彼女も、不治の病に侵された夫の看病のため一九七七年に経営を手放し、サウナは再び新たなオーナー志願者の手に渡ります。ですが、一九八〇年代にはすっかり公衆サウナのニーズが薄れ、市内にあるほと

［ラヤポルッティ・サウナ］　2018年現在は、サウナ棟の借用代を市から免除してもらう代わりに、建物の維持・修復費は協会が全額負担している

［ラヤポルッティ・サウナ］の中庭　酒類をサウナ室に持ち込むことはできないが、中庭でのクールダウン中は、ビールやカクテルをお供とする人が多い

(右上)更衣室　なんとロッカーがない。小さな貴重品はフロントに預けることができるが、ほかの利用客を信任しあうことが前提のつくりとなっている

(左上)冬の中庭　中庭では、雪に覆われた冬でももちろんクールダウン

(中)フロントに座る女性　小さな窓口から管理人が顔を出して対応する、フィンランド版の番台

(下)サウナストーブ　建物の壁と一体化した巨大サウナストーブ(写真右)は、強力ながら柔らかで湿潤なロウリュを吹き出す

んどの浴場が、矢継ぎ早に店を畳んでゆきました。ほかのエリアからサウナ難民客が流れてくる小さな特需はあったものの、[ラヤポルッティ・サウナ]も、もはや週一営業が精一杯。建物や設備の老朽化も深刻でしたが、改修費用はとても捻出できぬまま、そのオーナーも一九八六年に引退してしまいます。

最後にこのサウナの経営に興味を示し、市と賃貸借契約を結んだのは、過去に市内の別の公衆サウナを経営していた夫妻。ですが結局、設備の十分な改修なしに運営存続は不可能と判断し、わずか一年で完全に身を引いてしまったのでした。

●取り壊し反対住民が賢明に訴えた、サウナの歴史的価値と再興の意義

最後のオーナーが去った一九八七年以降、約二年もの間、[ラヤポルッティ・サウナ]の巨大ストーブは一度もあたためられることがありませんでした。しびれを切らした所有者のタンペレ市は、新たな開発計画の一環として施設の取り壊しを計画します。

このとき、サウナの完全解体に反対する近隣住民が

(右上)更衣室のゲストブック　訪問客の愛情たっぷりのコメントであふれている
(右下)110周年記念イベント　2016年8月に中庭で開催された、[ラヤポルッティ・サウナ]110周年記念イベントのようす
(左)初代オーナー夫婦　[ラヤポルッティ・サウナ]の初代オーナー、ラハティネン夫妻

集って一九八九年春に発足したのが、ピスパラ地区サウナ協会でした。自分たちの手でもう一度ストーブをあためよう、という呼びかけに対し、すぐに一五〇人もの志願者が集まったといいます。その中心世代は、二〇〜三〇代の地元の青年たち。ピスパラ地区に生まれ育ち、このサウナがある生活が当たり前だったヴェイッコさんも当然のように一員に加わり、さっそくサウナを行政から守るための、説得力ある主張を練り始めました。

すると「ラヤポルッティ・サウナ」が当時すでに国内に現存するもっとも古い公衆サウナであったことが、メンバーの調査により明らかになります。そこで協会は、①建築・設備および利用法の歴史的・文化的な希少価値②サウナの改修や運営事業による地元住民の雇用の創出③(ごく少数ではあるが)自宅に依然シャワーを持たない人の洗身場の確保、の三点をアピールポイントに据えて、市に対してはもちろん、ピスパラ地区内や近隣区域の一般市民に対しても、再生の意義を訴えていきました。まだインターネットも普及していない時代だったので、おもにはスーパーや図書館などの公共施設に貼り紙をして、賛同者や協力者を募ったそうです。

このうち、結果的に多くの人のこころと資金と物資を動かす推力となったのは、なんといっても①で主張された歴史的・文化的な価値でした。

●価値をしかるべき先に伝えられたら、人や支援は自然と集まってくる

実は、協会の呼びかけに賛同して真っ先に再興運動の支援者となってくれたのは、市の博物館関係者や、タンペレ工科大学の建築学科の研究者たち。協会がこの公衆サウナの歴史的・文化的価値を対外的にアピールしたことによって、それまで近隣住民以外は知る由もなかった「ラヤポルッティ・サウナ」に潜む有形・無形の価値に、初めて各専門家の目が向いたのです。また、ピスパラ地区の住民はもちろん、このサウナの存在を知らなかった地域の人や団体までもが、保存の意義を感じて支援に加わってくれました。

協会は、会費に加えて思いがけず多方面から集まった支援金をもとに、もう一度市から敷地と施設を借り、サウナを修復させてほしいと嘆願しました。市は簡単には首を縦に振らなかったそうですが、協会メンバー

(上)1996年の有志による改修工事(第二期)　建物の改修は、その都度協会メンバーや有志の手でおこなっている
(右下)リニューアルオープンしたサウナを楽しむ　1989～1990年の第一期改修を終えてリニューアルオープンした[ラヤポルッティ・サウナ]を楽しむ協会員たち
(左下)サウナ棟とテラス棟　テラス奥が110年以上の歴史を持つサウナ棟

とその後ろ盾の熱意が勝り、ついに賃貸借契約を結ぶことに成功します。最終的には改修費用も市がいくらか補助してくれました。

次なる課題は、サウナ棟やストーブの大改修です。建設業が本業だったヴェイッコさんは、当時改修プロジェクトの束ね役を任されていました。ですがこのときも、各所の建築士、建設会社、大工らが進んで材料を提供したり、プロの知恵や労働力を差し出してくれたのだそう。そしてもちろん、協会メンバーや近隣住民も交替で手を動かし続けた結果、なんとその年の晩秋には総改修をすべて終え、国家の独立記念日である一二月六日に、約二年半越しのサウナストーブの再稼働を成し遂げたのでした。

協会設立からわずか一年弱で顕在化した無名ローカル浴場の絶大な求心力と、同じ志を持った人びとが束になったときの推進力やスピード感に、当時のヴェイッコさんはただただ驚き、感激したといいます。

「あのときの活動が成功した理由は、ひとえに、数多くの熱意あるボランティア人材に恵まれたこと。そして、行政以上に活動の真価をわかってくれる、さまざまな専門

中庭での家族団欒　かつてこの近くに住んでいた元常連客のおじいちゃんの誕生日に、親子三世代で入りに来たのだそう

性を持った人との繋がりも大きかった。店舗への愛着だけでは、限られた人のこころしか動かせない。けれど「ラヤポルッティ・サウナ」の場合、現存最古というフレーズを冠したことはもちろん、建築や設備の希少価値、タイムトラベル体験ができる観光資源としての可能性……といったさまざまな切り口から、いろんな達人がその価値を評価し、後押ししてくれた。明確な価値をしかるべき受け取り先に伝えることができたら、あとは自然と人も知恵も集まってくるのかもしれないね」と、ヴェイッコさんは、当時の活動からの学びを振り返ります。

●インフラ施設から、国際的なウェルネス施設や文化的観光スポットへの変容

その後も、新生「ラヤポルッティ・サウナ」の快進撃は続きます。一九八九年の再オープン後しばらくは、開店日は週一回のみ。非営利事業として、協会のメンバーがボランティアでストーブをあたため、運営をおこなっていました。ところが、そこから数年も経たないうちに、評判はタンペレ市、ピルカンマー県、ついにはフィンランド全土へと広まり、近隣住民以外の客足が一気に増加したのです。協会側は、一九八九年の存続運動以降、これといって対外的なPR活動をおこなってはいなかったため、評判の波及力には驚いたのだそう。運営日は、あっという間に現在と同じ週四回にまで回復し、スタッフも増員されました。

口コミだけで遠方から一般客を引き寄せた魅力は、現存最古という称号とともに、歴史遺産としても一見の価値がある古い巨大ストーブや、そこから出る格別なロウリュだったようです。つまり人びとは、この公衆サウナをかつてのインフラ施設としてではなく、良質で斬新なウェルネスの場、そしてまるで歴史博物館のようにも捉え始めていたのでした。

歴史・文化遺産としての価値を有し、観光資源になることが実証されて初めて、タンペレ市も、長年の非協働的な態度をにわかに改めました。一九九六年には、サウナの取り壊しが前提だった開発計画を完全に取り下げ、土地やサウナ施設の借用料も引き下げることを約束します。さらには、市民向けには古き良きウェルネス施設として、対外的にはユニークな文化的観光スポットとして、市や国の観光局と連携しつつ、「ラヤポルッティ・サウナ」を大々的にPRし始めたのでした。

タンペレはもともと、ヘルシンキから列車で片道二時間と、首都圏からの日帰り旅行も可能で、ムーミン博物館など世界的な観光名所を有する街です。公衆サウナが街の魅力のひとつとして認められ、観光局のフォローが加わったことで、「フィンランドで真のサウナ体験がしたい」とタンペレを訪れる外国人旅行客も増えたといいます。実はヘルシンキの〈公衆サウナ・ルネッサンス〉現象に一〇年以上も先駆けて、「ラヤポルッティ・サウナ」は都市文化や観光事業との連携に成功していたのです。

とはいえ、観光公害も叫ばれる昨今。小さな居住区のコミュニティ拠点であるサウナに異邦人が来るようになり問題やトラブルは起きないのか? と心配の声もありますが、当事者たちにはまったくの杞憂のよう。

「サウナ浴という究極のリラックス環境では、誰もがいがみ合うことなく対等に交流できるし、サウナ初体験の人さえも、饒舌な常連客の手ほどきを受けながら、すぐに輪に入ってきてくれるよ」

ヴェイッコさんいわく、どれだけ外部の客の割合が増えても、一緒にサウナやクールダウンを楽しむ人びとが醸し出すムードは、不思議と昔から変わらないものなのだそうです。

協会は二〇〇〇年に、かつてオーナーの住居や商店が入っていた、区画内の別の建物も一部借用を開始。今回も自主的に改修をおこない、サウナ利用客が入浴後はもちろん途中でもバスタオル姿で気軽に利用できるカフェ・バー、そして契約雇用のマッサージ師らの施術室に改装して、副次サービスの運営を始めました。

二〇一八年現在、協会の会員数は約二〇〇人で、週の平均集客数は約四〇〇人。そのうち約一割が外国人観光客だといいます。

安定的に収入が得られるようになっても、協会は民営化を選ばず、今日まで非営利事業を維持しています。それは、営利事業として行政支援を断ち切るには時期尚早であること。協会発足当初からの、非営利でこそ意欲ある人びとが楽しんで協力しあえる気風を残していきたいから、というのが主な理由。近年は、サウナやカフェの運営人員ポストを、失業者や学生が有償で職務体験をする行政事業の受け入れ先として開いているのだそう。二〇一八年現在、雇用スタッフの給料の大部分は、この事業費として国や市の助成金で賄われています。

●世界サウナ首都の中心拠点として、小さな居住区のコミュニティ拠点として

三四頁で紹介したようにタンペレ市は、二〇一八年に「世界サウナ首都」を公式宣言しました。市内や周辺の自治体にある、新旧公衆サウナ、湖水浴場の共同サウナ、スパ施設などを含めると、三〇もの公共のサウナが現役稼動しているのが、いまやこの街のウリ。市の観光局と、各サウナのオーナー、そしてサウナ協会や関連団体が手を組み、情報を共有しあって、街ぐるみのサウナ・ツーリズムの可能性を模索し始めています。そしてもちろん、そのプロジェクトの最重要拠点が、世界に通用する文化施設やウェルネス施設として、すでに数多くのノウハウと集客力を有している「ラヤポルッティ・サウナ」です。いっぽう協会としては、遠方客や観光客を受け入れつつもむしろ今後は、このサウナを守り育ててきたピスパラ地区への恩返しの活動にも励みたい、とヴェイッコさんは力強く語ります。

すでに手がけているのは、正規の開店時間より少し前倒しでオープンして、協会員や地元の常連客が穏やかにサウナを楽しめる時間を提供したり、地元のビール醸造所やコーヒー焙煎所とのコラボ商品をつくってカフェで販売したり……といった事業です。

いま新たに計画中なのは、敷地内の更地部分を新規に借用し、そこにピスパラ地区の観光情報局を兼ねたコミュニティ・センターを開設すること。

世間のサウナブームにも後押しされ、外向きにも内向きにもやることが山積みで、日々かつてなく大忙しのヴェイッコさん。協会員の顔ぶれもどんどん移ろっていくなか、三〇年来の貴重な生き証人でもある「ラヤポルッティの顔」は、稀有な公衆サウナの過去と未来の架橋役として、まだまだ力を捧げていく意欲に満ちあふれています。

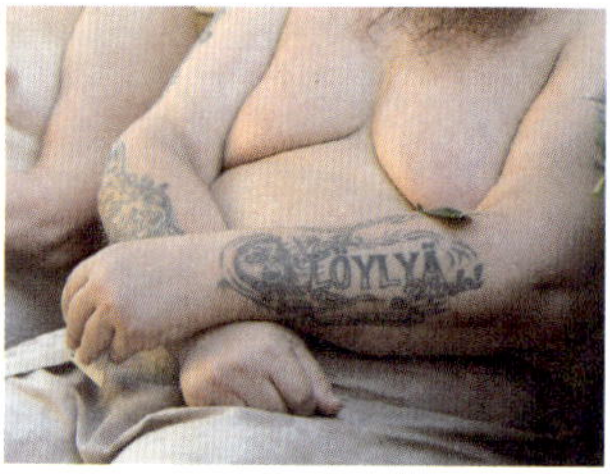

(上)ロウリュのタトゥー　この常連さんは、サウナ好きが高じて腕にLÖYLYÄ(ロウリュ)のタトゥーまで入れてしまったという
(下)電気看板　昔ながらのレトロな電気看板はいまも顕在

File_2

新世代の多目的拠点となった老舗公衆サウナ

社会の変化と先代の個性を味方につけ、浴場文化を盛り上げる

キンモ・ヘリスト／「サウナ・アルラ」現オーナー

キンモ・ヘリスト(Kimmo Helistö)さんは、二〇〇六年に[サウナ・アルラ(Sauna Arla)]のオーナーになるずっと以前から、国内のポピュラーカルチャー業界ではちょっとした有名人。一九八一年から、若者たちに人気を博したパンクバンドのメンバーとして国内外で活躍しながら、ラジオのDJを務めたり、イベントオーガナイザーとしてさまざまな音楽ライブや文化イベントを主宰したり。さらに一九九〇年代以降は、約一五年にわたり、ヘルシンキ市議会議員という立場からも、市の文化振興に献身しました。

●仲間との交流や文化イベントを通して気づいた、〈集う場〉としてのサウナの魅力

一九八〇年代当時、キンモさんのようなポピュラーカルチャー支持者たちが入り浸り、交流やイベント企画の拠点としていた多目的施設が、ヘルシンキの外れに存在していました。そこには、誰の記憶にも残る伝説のサウナ室があり、居合わせた人たちが一緒に汗を流しながら、文化や社会について語り合ったり、アート・イベントを開いたりしたといいます。さらに当時は、下町のバーなどが運営するレンタルサウナが街に増えた時期で、気の置けない仲間と過ごす都会の居場所・遊び場として若者らに愛用されていました。

こうして、〈集う場〉としてのサウナの魅力に気づいたキンモさんは、二〇〇〇年以降、世界を股にかける自身のフットワークを活かし、ある実験的なイベントを仕掛け始めました。三〇人も収容可能で、どこでもすぐに組み立ててあたためられる軍用のテントサウナを、国内外のさまざまな場所に持ち運び、その場に集った人たちでサウナ浴を楽しむという、ライブ・サウナ体験です。彼はサウナと一緒にアメリカや欧州各国を旅し、現地の人をサウナの中に誘い込んで、そのたびに外国人のユニークな反応に接してきました。とくに彼を驚かせたのは、どこの国でも「サウナ=フィンランドの入浴文化」という知識が根付いていること。そして、始めはためらいがちにサウナに入ってきた人でもすぐに打ち解けて、のびのびと(かつ健全に!)開放的な雰囲気を楽しんでいることでした。

フィンランド人にとってはあまりに身近すぎて、これまで意識することもなかったサウナの魅力。とりわけ、他人同士とでも自由で心地よくなれる場所としての可能性を、外国人たちが気付かせてくれた、とキンモさんは回想します。

●［サウナ・アルラ］と「公衆サウナの父」との数奇な出会い

国境や世代を超えたサウナの求心力を確信したキンモさんが次に目を向けたのは、自宅からほど近い集合住宅の一角でひっそりと営まれていた、一軒の老舗公衆サウナです。ご近所とはいえ、キンモさんはそれまで、訪れるどころか存在すら認知していませんでした。ある日、市議会議員として自身も携わる市の文化振興プロジェクトで、助成金対象リストのなかに、市内現存最古の公衆サウナ、［コティハルユ・サウナ］（三五頁参照）の名があるのを見つけます。じゃあ市で二番めに古い公衆サウナはどこなんだろう、とふと気になり調べてみたら、それが自宅のすぐ近くにあるとわかって、運命を感じずにはいられなかったのだそうです。

［サウナ・アルラ］という名の、一九二九年創業のご近所公衆サウナを、キンモさんは二〇〇二年に初めて客

(右上)テントサウナ・イベント in ドイツ　キンモさんが2004年にドイツの浜辺で開催したテントサウナ・イベント
(右下)［レパッコ・ホウリュ・クルビ］　1980年代にヘルシンキのアート志向な若者たちのたまり場となっていた伝説のサウナ、［レパッコ・ホウリュ・クルビ］の休憩室
(左)海外テントサウナ・イベント in NY　2003年、ニューヨークの音楽イベント会場にテント・サウナを設置した

MIESTEN
SAUNA

KIRJAKAUPPA
SIJOITUSSALKKU
KIRJAN !

として訪問。前世紀から時が止まっているかのような設備と佇まい、魅力的なオーナーやお客さんとの交流、そして巨大ストーブから立ち上る力強くも肌触りのよい蒸気に、キンモさんはすっかり魅了されてしまいます。以来、足繁く通ううちに、あっという間に常連客の仲間入りを果たしました。

当時のオーナーは、一九八〇年代になっても巷の廃業ラッシュにめげず、市内でなんと複数の公衆サウナを運営し続けていた、通称「公衆サウナの父」。三軒同時に運営していた時代には、毎朝バイクで各店舗のサウナストーブをあたためて回る姿が街の名物に。他店舗の継続を諦めたあとも、アルラだけは最後まで手放すことなく、二一世紀まで守り続けてきました。

また、画家でもあった彼は、文化芸術びいきのオーナーとしてもエピソード豊富。アルラのフロントではいつもアコーディオンやマンドリンを弾いていて、建物内の壁をギャラリーに見立てて作品展示をしたり、サウナと同じ建物内の一角を、アトリエとして若手アーティストに貸し出したりもしていました。

同じく生粋の文化人であるキンモさんが、そんな

前オーナー・ヨルマさんの回顧展　2016〜2017年に開催された、[サウナ・アルラ]の前オーナーであるヨルマ・グロンルンド(Jorma Grönlund)さんの作品展覧会。普段から、男性浴場へと続く階段の壁は、キンモさんが見初めた招致アーティストたちの作品発表の場になっている

右ページ
(上)[サウナ・アルラ]入口を見下ろす　集合住宅の1階部分にフロントと女性浴場が、2階部分に男性浴場がある。昔は男性が1階だったが、中庭から窓を通じて持ち込み禁止の酒をこっそり手渡しあう輩が絶えなかったため、逆になったのだという

(右中)中庭でくつろぐ利用客　一般住民も暮らす集合住宅の中庭で、利用客が外気浴を楽しんでいる

(右下)通り抜け通路の絵画　中庭へと通り抜けるミニトンネルには地元アーティストによるペインティングが施されている

(左中)フロントにあるプチトマト　現在の[サウナ・アルラ]の顔、キンモさん。彼を慕ってこのサウナに通う若者も多い。フロントではプチトマトが無料提供されている。これはスペイン人の奥さまの故郷の食文化にあやかったサービス精神

(左下)階段踊り場の古本コーナー　オーナーや客が持ち寄った書籍を販売

オーナーの人柄や器量も含めてこのサウナに惹かれていたことは、言うまでもありません。とはいえ、キンモさんが出会った当時はすでに、オーナーはサラリーマンならもう定年退職かという年齢。営業日も最小限で、サウナ経営引退を真剣に考え始めていた時期だったそうで、もうこの古き良きサウナにも長い未来はないことが予見できる、難しい状況だったといいます。

ところがある日キンモさんは、慕っていたオーナーから、自分の引退後に「サウナ・アルラ」を引き継いでくれる意志はないか、と尋ねられます。オーナーには、アルラを畳みたくはないが、自分が退いた後、いまどき誰がこんな時代遅れのビジネスを喜んで引き継ぐだろうか……という葛藤があったようです。当時、キンモさんはアーティストや議員としての活動のほかにも、いくつかの事業を手がけている超多忙人でした。けれど、そのバイタリティや生活基盤があり、なにより公衆サウナがこれから世間に受け入れられるという、経験に基づく予感があったからこそ、やってみようとすぐに決断できたそうです。

こうして、キンモさんは二〇〇六年五月に、前オーナーから自身の会社へと賃貸借契約を移し、「サウナ・アルラ」の新オーナーに就任しました。

「僕が公衆サウナ経営を始めると話したら、誰もが正気かと尋ねてきたよ。古い公衆トイレのオーナーになったと聞き間違えたというくらい目を丸くしてね」と、キンモさんは当時の周囲の反応を可笑しく振り返ります。

●社会の価値観の変化が経営状態を好転させた

二〇一八年現在、週五日で午後三時から（週末は午後二時から）夜九時半まで営業している「サウナ・アルラ」。サウナ室自体は決して大きくないので、一度に三〇名程度の集客が限度ですが、週の平均客数は二〇〇名を超え、とくに冬季は、さらに多くの利用客で賑わいます。約三分の二が男性客で、もっとも多い客層が、三〇～四〇代の地元客や区域外からのヘルシンキ市民。一〇年前と比べると、客層はずいぶん若返ったそうで、最近は、かつて単身で通っていた常連客が家族や子どもを連れて来るケースも増えているのだとか。また、近年は外国人観光客も明らかに増加。正直なところ、前オーナーは週に一度の道楽でサウナをあたためている状況でしたが、現在は経営も安定し、ビジネスとしても十分に成り立っているそうです。

この一〇年の間に、いったいどんなテコ入れをしたのですか？ と、キンモさんに秘訣を尋ねてみました。すると、

「僕はほんとうに大した改革なんてしていないよ。むしろ時代と人びとの価値観が、公衆サウナにとって都合よい方向に変化したのだと思う。いまは、良質なサウナストーブとロウリュには自然と人が集まるし、他者との交流や一体感を求めるような人が公衆サウナに足を運ぶ時代になった。しいて言えば、僕は昔から地元の文化拠点でもあったアルラの個性を踏襲しながら、その魅力を広くアピールする、広告塔の役割を果たしているだけ。顔の広さや人脈が僕の一番の強みだからね」

とさらりと回答。そして、彼の癖である、話の終止符代わりのおちゃめなウインクを一回。

キンモさんいわく、二一世紀に入り、都市部のフィンランド人の気質や価値観はずいぶん「ヨーロッパナイズされていった」のだそう。フィンランドもヨーロッパの一国でしょう？ と思われるかもしれません。ですが

［サウナ・アルラ］のサウナ室のようす　サウナストーブは、現在はガスバーナーを利用してあたためている。ロウリュ用の水には白樺エキスが混ぜてあり、水を打つと蒸気とともにフィンランドの森の香りが広がる

歴史上、フィンランドの所在はやはり、本場のヨーロッパ文化に触れるにはあまりに極北すぎたし、むしろロシアを通じて東方の文化に接する機会が多かったのです。またフィンランド人は、欧州では希少な、インド・ヨーロッパ語族に属さない民族集団でもあります。

これまで、フィンランド人はシャイで寡黙で、対人距離が人一倍広く、心許せる相手以外とは必要以上に関わりたがらない……という、欧米人らしからぬ保守的な国民性ばかりが強調されてきました。フィンランドの巨匠、アキ・カウリスマキ監督の映画作品がお好きな方なら、そのステレオタイプなフィンランド人像は、もうお馴染みでしょう。

ところが、ソ連亡きあと、今後は西方の民主主義国コミュニティに属してゆかねばという思惑から、国家は一九九五年にEUに加盟します。同時期には、優良な学校教育を下地に、グローバリズムやマルチカルチャリズムに対する国民の理解も向上。他者や外の世界に対してオープンマインドであることの重要性も、新たな処世術として意識されるようになりました。こうして社会の風通しがよくなるにつれて、それまでフィンランド人の間では支持されにくかった、積極的な〈パブリック志向〉が、人びとの新たな価値観として根付き始めたのです。

〈パブリック志向〉、つまり、日常圏内で見知らぬ人たちとの出会いや交流を拒絶せず、むしろ、その単発の共同体のなかで芽生える出来事や交情、秩序、そして平和的な一体感を楽しむ……という、新しい充足のかたち。昨今の公衆サウナ人気の理由のひとつは、まさにこういう類の充足感を、日常のなかに求める市民が増えてきたからだと、キンモさんは分析しています。

サウナ浴だけなら、いまの御時世、自宅でもどこでも手軽におこなえます。にもかかわらず、定期的に有料の公衆サウナに足を運ぶ新世代が増えたのは、明らかに公衆サウナに求める価値自体が変化したから。もちろん、自宅の小さな電気サウナストーブでは味わえない、より良質で心地よい蒸気を浴びて深くリラックスしたい……という、QOLの概念に基づく欲求もそのひとつでしょう。ですがとりわけ、公衆サウナを、都市生活における他者との出会いやコミュニケーションの場として捉えるいまの風潮は、まさに現代らしい新鮮な現象だと、キンモさんは肌で感じています。

「フィンランド人にとって、昔からサウナという場は、簡単に〈独り〉にも〈輪の一部〉にもなれる特別な場所。誰かとしゃべりたいなという気分なら、不思議と普段より饒舌になれるし、静かに自分と向き合いたいなという気分なら、たとえ周りに誰かがいても、すっと自分の世界に入り込める。公衆サウナは、公共の場でありながら、その両方の欲求を自発的に満たせる場所。だから、本来の内向的気質といまどきの〈パブリック志向〉を併せ持つフィンランド人にとっては、どこよりも安心感があって居心地のいい公共空間なんじゃないかな」

このキンモさんの考察は、現代の公衆サウナに見出せる、都市生活の新たなサードプレイスとしての可能性の大きさを、示唆しています。

●文化拠点としてのアルラの個性を、多文化時代の現代に引き継ぐ

自分は特別なことはなにもしていない、とおっしゃっていたキンモさんですが、実際は「サウナ・アルラ」の昔ながらの魅力を次世代へと繋ぐために、さまざ

アートイベント①コンサート　階段の踊り場で定期的におこなわれる、キンモさん一押しアーティストのライブイベント。バスタオル姿で鑑賞できる

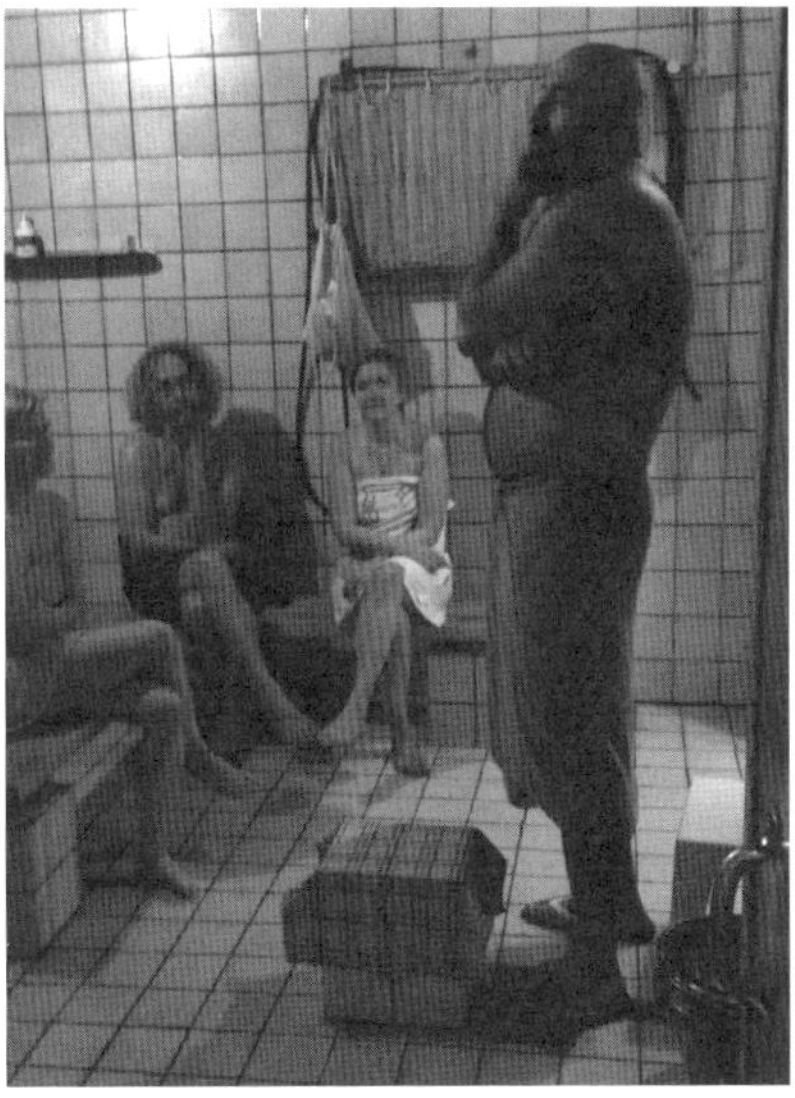

アートイベント②お笑いライブ　アルラのあるカッリオ地区名物のコメディ・フェスティバルの一環で、洗身室にて開催されたお笑いライブ

まな試みに取り組んでいます。彼がとりわけ大事に受け継いでいきたいのは、アートや文化への造詣が深かった前オーナーの面影と志。建物内の壁を利用したギャラリー展示の伝統をいまでも引き継いでいるほか、定期的にミュージシャンやパフォーマーを招致し、更衣室や洗身室でのライブも開催しています。アートや文化は、名の知れた文化人であるキンモさん自身にとっても、古い公衆サウナに若い世代の人を誘い込むきっかけをつくるための、もっとも身近なツールでもあります。

近年は、来たる多民族・多文化社会を見据え、国が抱える移民問題にも、アルラらしい方法で向き合っています。例えば二〇一五年の欧州難民危機のときには、ヘルシンキにも多くの難民が流入しました。キンモさんは、難民を出した一因は自分たちヨーロッパ人にもあることを自覚したうえで、できるかたちで人道的支援をしたいと考えました。そしてなんと、近所にできた難民キャンプに暮らす人たちを、営業時間前のサウナに無料招待する活動を始めたのです。通ってくれたイラク人たちは、初体験のサウナの心地よさをすぐに気に

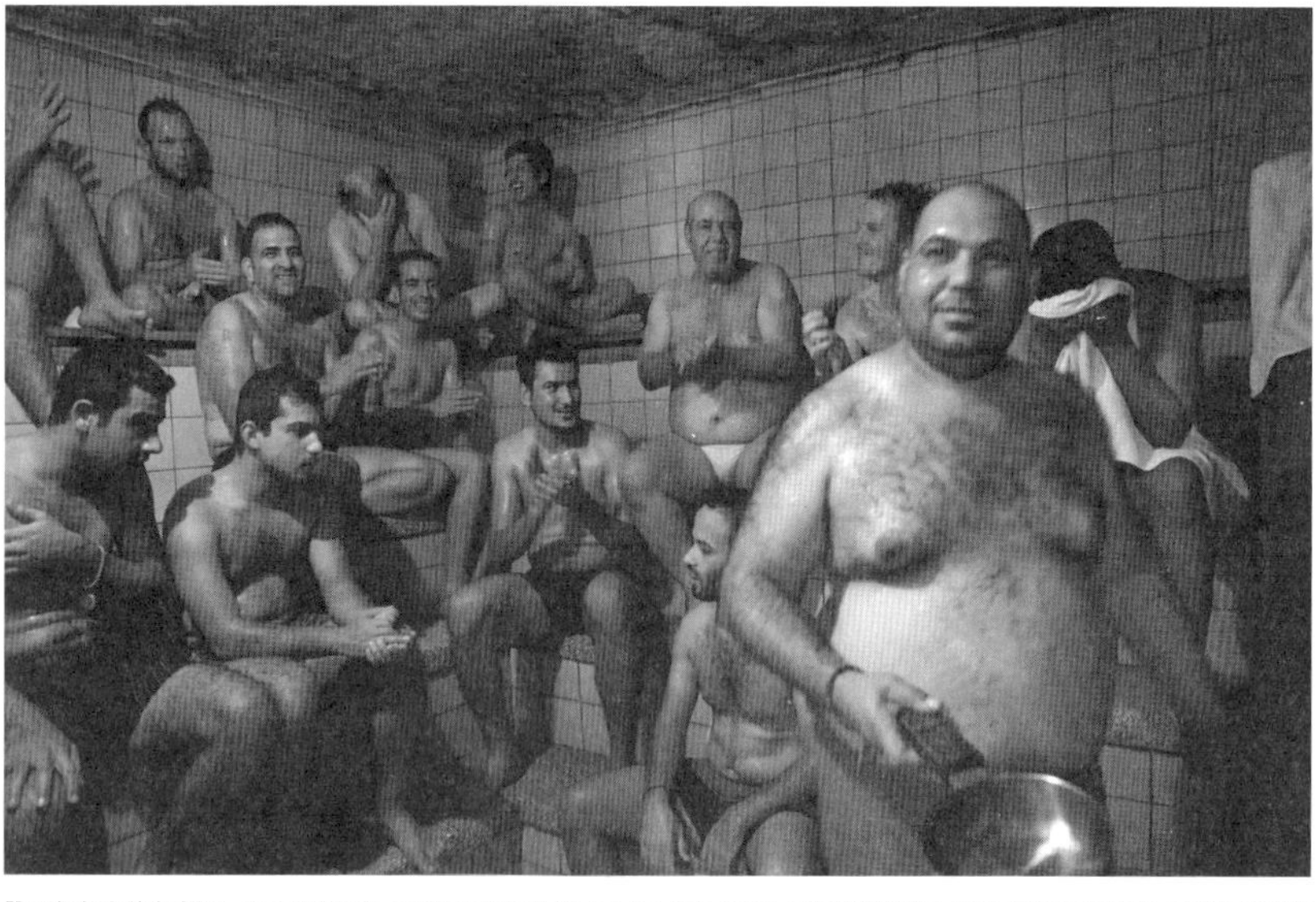

難民たちのサウナ浴　近くの難民キャンプに匿われたイラク人たちをアルラに無料招待したときの記念写真。この出来事はニューヨーク・タイムズ紙でも取り上げられた

入ってくれて、室内ではいつもみんなで陽気に故郷の歌を歌っていたのだそうです。

また、このことがきっかけとなり、アルラでは、従業員としても移民を積極的に雇うようになりました。スタッフ内には、もとは難民としてヘルシンキに来たアフガニスタン人の青年もひとりいて、やりとりに必要なフィンランド語を学びながら誠実に働いています。

●「新興住宅地×新公衆サウナ」という、新たなチャレンジ

実はキンモさんは、大規模な宅地開発の進むヘルシンキ西岸のヤトカサーリ地区で、新たな公衆サウナの創設にも奮闘しています（二〇一八年一一月にオープン）。都心へのアクセスもよいヤトカサーリ地区は、いままさに、モダンな高層住宅やデザイナーズマンションの建設ラッシュ。働き盛りの若いカップルや家族、さらには戸建てを手放した老夫婦などが途切れなく越してきて、ややハイエンドな新地域コミュニティを形成しつつあります。

そのうちのとある集合住宅区画のコートヤードを活用した、公共空間の国際デザインコンペが、二〇一〇年に国の財団によって開催されました。イタリア人の若い都市計画家たちが受賞した一等案では、公共空間の一部に共同サウナの建設が計画されていました。今日の集合住宅では、棟の内部（最上階や地階など）に、住民が交代制で利用できるサウナ室をつくるのが一般的です。ですが受賞プランナーらは、かつてのフィンランド都市部で一定の居住区画ごとに存在した、複数世帯用の共同サウナの概念に共感し、そのリバイバルをこの公共空間で試みたのです。

財団が全額負担して実現する予定だったこの案は、二〇一〇年代に入ってフィンランドに大きく影を落とした不況の波にあおられ、結果的に頓挫します。それを残念に思って立ち上がったのが、キンモさんや数名の精力的な実業家たち。当初の案にできるだけ忠実な公共空間を実現させつつも、近隣住民に限らず一般訪問客も呼び込めるよりオープンな商業施設にして、その運営を手がけることにしたのです。

この新たな公共空間の名前はずばり、「ウーシ・サウナ（Uusi Sauna）」（二五頁参照）。フィンランド語で「新しいサウナ」という意味です。住民はもちろん、外部客

も気軽に利用可能な公衆サウナと、レストラン・セクションとの複合施設となっています。

「アルラは、長い時間をかけて地元に根付き、人びとに愛されてきた歴史があるから、いまも街ぐるみで大事にしてもらえている。いっぽう今度のプロジェクトは、サウナも新しければ、一番身近に受容してもらう地域コミュニティもまだ、なんの歴史も持っていない。けれど、近年市内に新設された公衆サウナの軒並みの成功は励みになるし、きっと[ウーシ・サウナ]も、新天地で都会暮らしを始める人と外からの訪問者との社交の場として、これから新しい街に根付いていくと信じているよ」

そう語ってくれたキンモさんは最後にもう一回、お決まりのウインクをして見せてくれました。

[ウーシ・サウナ]完成予想図　キンモさんの新プロジェクト、[ウーシ・サウナ]は最新の高層住宅の狭間につくられたチャレンジングな公衆サウナ

File_3

時代が追い付いた〈文化的な〉公衆サウナ構想

先駆的すぎたヒーロー建築家が、九〇年後のいまに託したバトン

アルヴァ・アールト／建築家・「クルットゥーリサウナ」発案者

三人目の〈公衆サウナ・ルネッサンス〉立役者は、本章唯一のすでに他界した人物、アルヴァ・アールト（Alvar Aalto 一八九八〜一九七六）。二〇世紀に活躍した、世界で名の知られているフィンランド出身の建築家・デザイナーのひとりです。

いまもし、ほかのインタビュイー同様このお方にも、公衆サウナについての所見を直接インタビューさせてもらえたなら、どんなにか血気盛んに、休みなくユニークな持論を語ってくれたことでしょう。ですが、こればかりはもう望んでも叶わないこと。以後、直接面識のない彼だけは敬称略でご容赦ください。

●駆け出し時代に、地元紙への投書で熱烈アピールしていた幻の公衆サウナ構想

アールトは五歳のときに、出生地の田舎村から、中央フィンランド県の中核都市ユヴァスキュラへと、家族で越してきました。大学時代は首都圏の大学で建築を学びましたが、卒業後は再び慣れ親しんだユヴァスキュラの街へと戻ってきて、わずか二五歳で、早々に自身の建築事務所を開設します。

キャリアのない駆け出し建築家にしては、彼は当初からこまごまとプロジェクトを手がけて忙しくしていたほうですが、それでも夢のある仕事はなかなかめぐってはきません。そこでアールトが目をつけたのが、ユヴァスキュラに本社を置く、国内で一番古いフィンランド語日刊紙のケスキスオマライネン紙でした。この権威ある地元紙を利用して、彼はユヴァスキュラ市街の気に食わない建物や都市設計を容赦なく批判。そして代わりに、頭の中にある新しい建築や理想の街づくりに関する構想を、文面とスケッチに起こしては投書し続け、大衆に向けてアピールを試みたのです。

未来の国民的建築家の、まさに若気の至りとも言うべきこの無鉄砲な投書の記録は、ケスキスオマライネン社のアーカイブから、今日そのすべてを閲覧することができます。そしてそのなかには、ユヴァスキュラ在住のサウナ文化研究家である筆者としても、興味をそそられる記事が残されていました。

それは一九二五年二月二一日に投稿された記事[注1]で、ユヴァスキュラ中心街のすぐ背後にいまも佇む、ハルユと呼ばれるなだらかな松林の丘の開発事業に関す

るものです。この丘の、頂上から中心街方面に伸びる斜面には、日本の寺社の石階段を彷彿とさせる、石造りの階段坂(一〇一頁参照)が建造されたところでした。

アールトは、記事の前半部では例によって、この重厚で直線的すぎる石階段は不自然で丘に似合わない、と歯に衣着せぬ批評をぶつけています。ですが続けて、この階段の先の丘上に、なにか美しく文化的な施設を新たにつくってみてはどうか、という提案もしているのです。

「建物のアイデアを出してみよう。美術館や図書館、教会はふさわしくないな。ヨーロッパはもう、ひとけのない階段の先につくられた博物館であふれている。では、なにがいいのか?」

そんなしらじらしい振りのあとでアールトが導き出した答え、それがなんと、「公衆サウナ」だったのです。

「ローマには浴場があるように、フィンランド人には、サウナがある。(中略)フィンランドはサウナの故郷であり、フィンランド・サウナは、われわれにとってほぼ唯一の、土着的な文化現象である。にもかかわらず、フィンランドの都市には、世界屈指の酷いサウナしか存在しない。サウナを建てようではないか。いまある古めかしいまがい物のサウナではなく、フィンランドをシヴィリゼーション(civilization)する、類のないナショナル・モニュメントとなるような、「クルットゥーリサウナ」(kulttuurisauna)を」

「クルットゥーリサウナ」、フィンランド語で「文化的なサウナ」。これが、いまから九〇年以上も前に、若き日のアールトが唐突に提案した公衆サウナ・プロジェクトの通称です。

●残されたスケッチと文章から浮かび上がる面影

結論から言えば、二〇一八年のユヴァスキュラのハルユの丘には、例の石階段はまだ鎮座していますが、公衆サウナは見当たりません。丘の上には、ユヴァスキュラ大学附属の自然史博物館やレストランの入った展望台が一軒、街を見下ろしているだけ。また、過去にこの地にあった公衆サウナが壊されたという史実も残っていません。つまり、ほかのほとんどの投書案と同じく、この公衆サウナ案もまた、実現には至らなかった構想のひとつにすぎませんでした。

ただし、アルヴァ・アールト財団の所蔵するアーカイブには、当時のアールトが描いた、「クルットゥーリサウナ」構想をめぐるスケッチや図面が計六枚、残されて

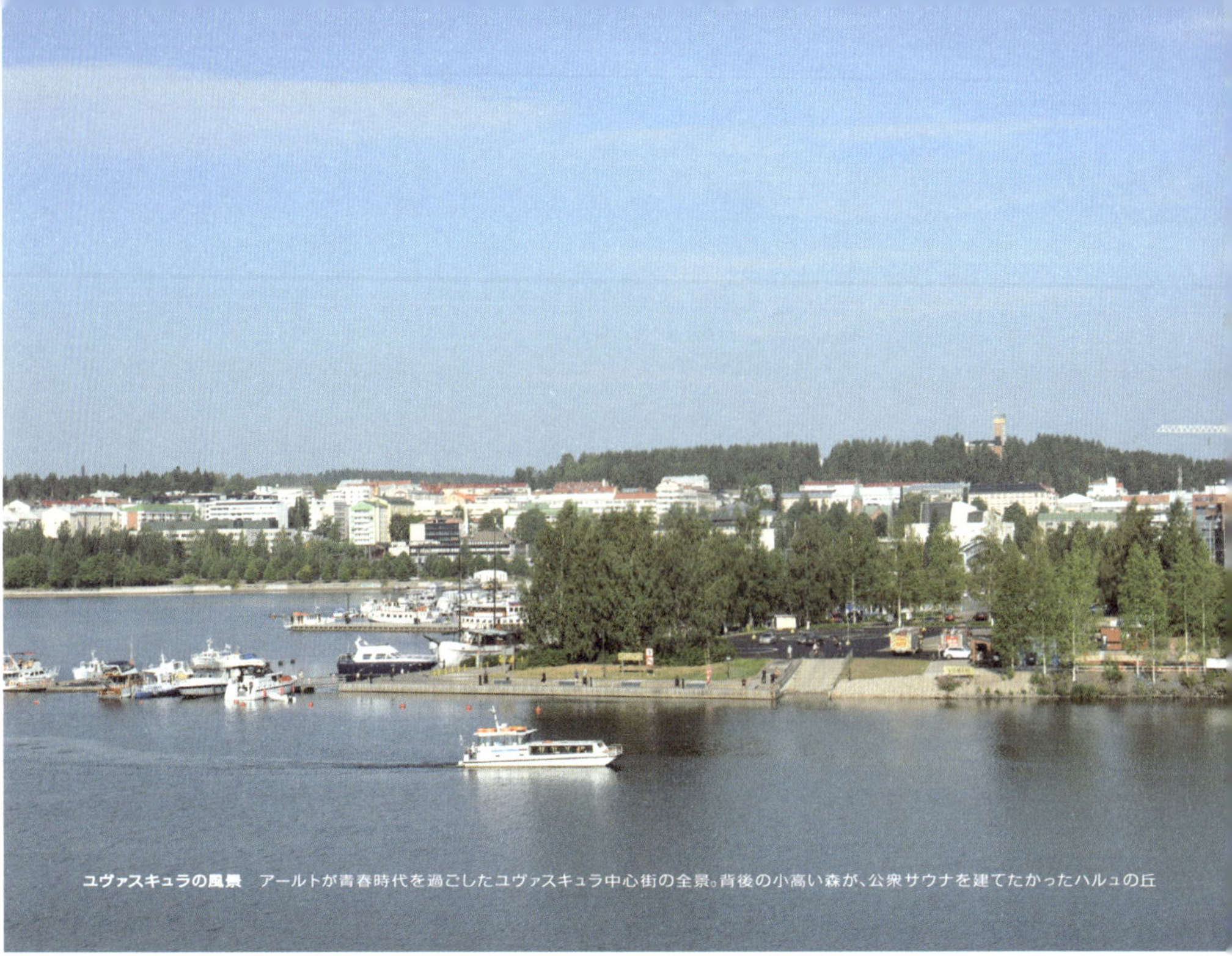

ユヴァスキュラの風景　アールトが青春時代を過ごしたユヴァスキュラ中心街の全景。背後の小高い森が、公衆サウナを建てたかったハルュの丘

アールトのプライベート・コテージサウナ　ユヴァスキュラ近郊の島にはみずから設計し利用していた個人用スモークサウナが残っている

います。これらを眺めると、彼の頭にあった進取的な公衆サウナの空間イメージを、わたしたちも、わずかながら共有することができます。さらに例の投書記事では、アールトみずからが文章によって、頭に思い描いたサウナ建築を細部まで描写してくれているのです。

「正面のドアを開けると、スロープへと直結していて、階段が見渡せる。(中略)ドアには彩色されたランタンが下がっていて、四本の柱に支えられた陶磁器のタイル張りの大広間へと、人びとを誘う。正面には、パチパチと音をたてる薪ストーブ。それから、セイヨウネズとトウヒの枝葉に覆われた三脚の火炉も。更衣室には、美しい北欧の織布がかかっていて、サウナ室はアカマツのパネルが張られている。ベンチもストーブも、すべてが本物志向に基づいてデザインされている。(中略)サウナのどこにも、バスロープも給水器も、芸術性も必要ない。――シンプルに、機能的に。すべてにおいて配慮が行き届いている。そう、なにからなにまで徹底的に。これこそが、初めての、文化的なフィンランド・サウナのあるべき姿なのだ」

アールトがサウナ建築のイメージを打ち出したこの描写部分からは、さまざまな「フィンランドを象徴するエレ

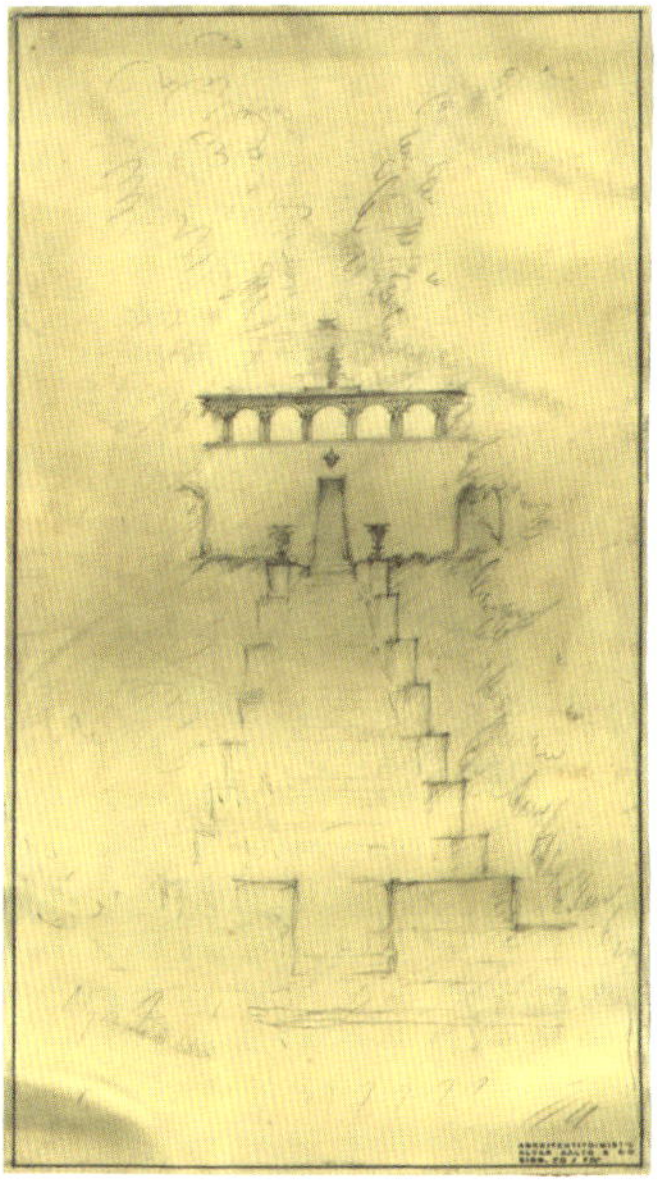

(右上)ハルュの丘のふもとから見上げる石階段　アールトはこのスロープの頂上に公衆サウナ建設を提案していた　**(右下)アールト胸像**　ユヴァスキュラ市アルヴァ・アールト美術館に飾られている　**(左)アールトが描いたスケッチ**　ハルュの石階段の行きつく先に佇む[クルットゥーリサウナ]のラフスケッチ

メント」に固執していたことがうかがえます。素材として名を連ねる木々の樹種や布地は、いずれもフィンランド人にとって土着的で身近なものばかり。要となるサウナ室の設計においては、建築家としてオリジナリティを出すのではなく、あくまでオーセンティックな、昔ながらの馴染みある工法や構成を尊重しています。

ついでながら、今日のアールト・ファンにとっては、公共建築としての出世作「ユヴァスキュラの労働者会館（一九二五年九月）」さえ未完のこの時期、すでに彼が生涯にわたって掲げる理念やディテールの着想を得ていたことにも、感銘を受けるかも知れません。やがて北欧のデザイン界全体の象徴ワードとなっていく「シンプル」「機能的」という言葉を明言するだけでなく、更衣室のスケッチの天井に初めて描かれた丸型スカイライト（九七頁参照）は、後年にアールト作品で何度も繰り返し用いられる、お気に入りのモチーフのひとつです。

●現代を生きる人びとが解釈する、アールトが意図した〈文化的な〉公衆サウナとは

アールトは、「クルットゥーリサウナ」において、具体的にどのような意味で〈文化的な〉サウナを目指していたかは明言しておらず、その真意は、後世に生きるわたしたちの自由な解釈に委ねられています。

例えば、アルヴァ・アールト財団で所蔵品管理役を務めており、在ユヴァスキュラ時代のアールトの諸活動に詳しい学芸員のティモ・リエッコ（Timo Riekko）さんは、次のような解釈の可能性を示唆します。

「アールトは、土地の風土や人びとの生活に寄り添う建築家として知られるいっぽうで、生涯を通じて、イタリアを始めとする古典文化全般に強く憧れていました。「クルットゥーリサウナ」構想のスケッチに残された飾り屋根や装飾的な柱には、クラシカルで〈文化的な〉西洋の建築様式の影響がうかがえます。けれど、プロジェクト名にはもっと精神的な意味合いも込められている気がします。彼がローマの公衆浴場を引き合いに出したのは、古代の公衆浴場が文化的に成熟した市民の集いの場だったことに着目していたからでないでしょうか。

ローマ帝国の公衆浴場は、街の人びとが集い、入浴をしながら哲学や学問全般について語り合う場所でもありました。フィンランドにも独自の公衆浴場文化があ

るのに、身体を清めてリフレッシュするためだけの場所では惜しい。むしろ、入浴という行為をきっかけに集まった市民が語らい合える場所。果ては、街の文化レベルを底上げするコミュニティのための場所になり得ることを想定して、「クルットゥーリサウナ」と名付けたのではないかと、わたしは考えます」

いっぽう現代のヘルシンキでは、まさにアールトのプロジェクトと同じ、「クルットゥーリサウナ」の名を冠した新しい公衆サウナが、二〇一三年五月にオープンしました。昨今の現代的な公衆サウナ新設ラッシュのさきがけとなった施設のひとつです。この公衆サウナを構想・設計し、さらに今日までみずからの手で運営をおこなっているのが、建築家トゥオマス・トイヴォネン（Tuomas Toivonen）さんと、ヘルシンキに暮らす日本人デザイナーの坪井ネネさん。彼らもまた、創業以前には、公衆サウナ業界に縁もゆかりもなかった二人です。

実は彼らは、アールトが提唱した公衆サウナ・プロジェクトのことを以前から知っていました。そのうえで、自身の施設に「クルットゥーリサウナ」という名を採択したことを認めています。ではお二人は、アールトが意図した

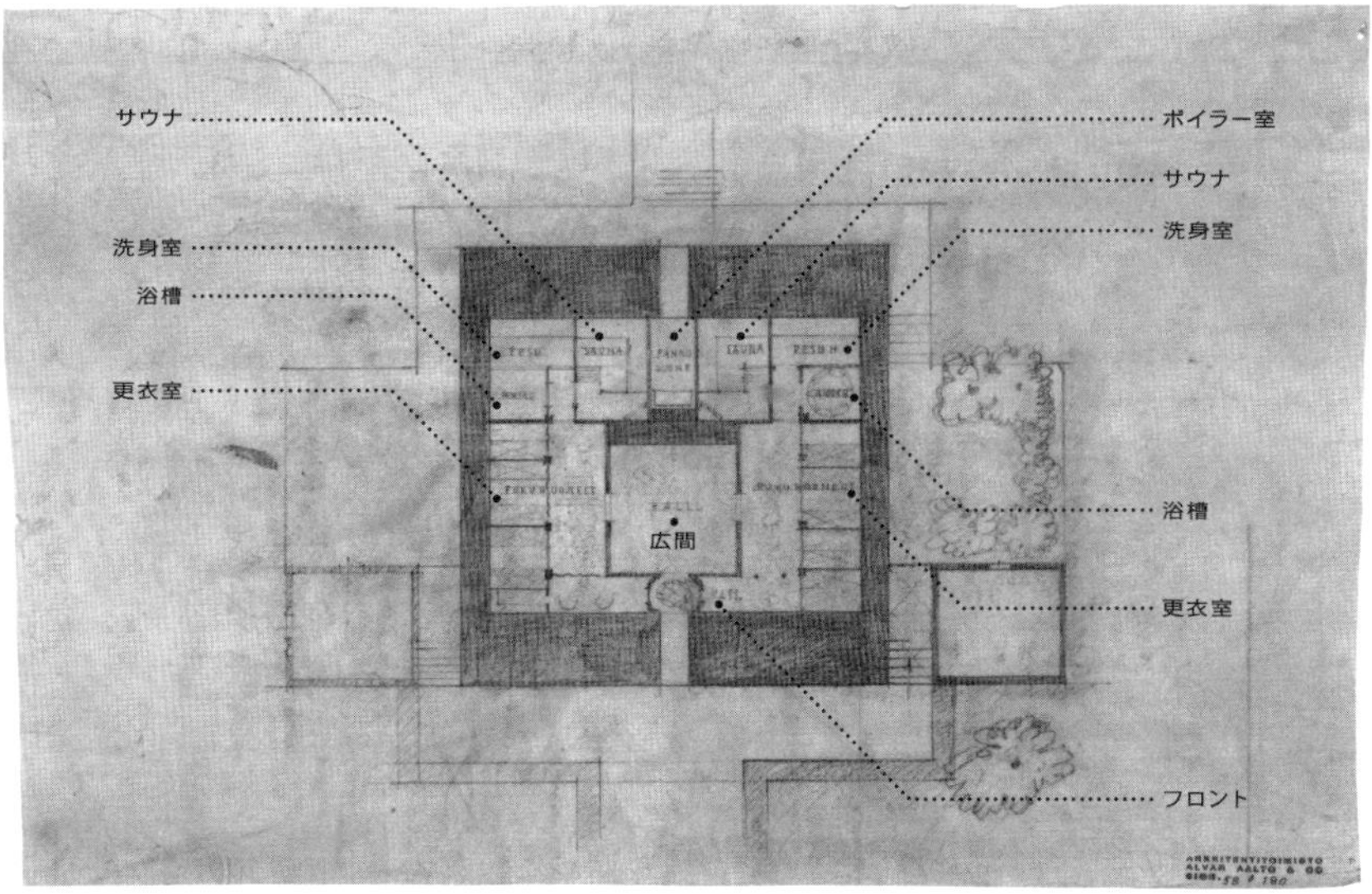

アールトの[クルットゥーリサウナ]構想平面図　アールトが残した[クルットゥーリサウナ]構想の図面。大広間を囲うようにサウナ室や更衣室が配置されている

現代の[クルットゥーリサウナ]　ヘルシンキ・メリハカ地区の海辺に2013年にオープンした現代の[クルットゥーリサウナ]と、入口前の公共スペースで日光浴をする市民

〈文化的な〉公衆サウナを、どう解釈しているのでしょうか。

先に引用したように、アールトは「クルットゥーリサウナ」を、フィンランドを“civilization”（原文のフィンランド語でsivistys）するナショナル・モニュメントにしていくべきだ、と主張しました。文化の力で国家の「シヴィリゼーション」に貢献していく……というアールトの論理は、わたしたち日本人の耳には、いささか観念的に聞こえます。

シヴィリゼーションという語は、日本語だと「（おもに物質的、技術的な）文明化」というニュアンスで受け取られます。しかしながら、アールトが使ったシヴィリゼーションという言葉は、別の二つの解釈が可能ではないかと指摘したうえで、お二人は、アールトの価値観を次のように解きほぐしてくださいました。

「アールトが意識していたかはわかりませんが、そもそもフィンランド語のシヴィリゼーション（sivistys）という言葉は、麻の繊維を紡いで美しい布地を紡ぎ出すまでの、一連の〈しごと〉を指す語を、語源に持ちます。つまりシヴィリゼーションとは、第一に、その時代に生きる人びとの日常や文化を、より豊かにするための視点やクオリティに基づく、持続的な〈しごと〉のことを指すのではないかとわたしたちは考えています」

とりわけ、アールト青年が生きたのは、フィンランドがようやくロシアからの独立を果たしてまだ間もない時代。国家もまだ盤石とは言えず、痛ましい内戦も続きました。技術や経済発展に躍起になるいっぽうで、自国らしい文化とはなにか、国民がさまざまな分野で主体的に模索を続けていたころです。

「時代背景を顧みても、当時のアールトは「クルットゥーリサウナ」の開設を通じて、祖国フィンランドらしい文化の醸成という〈しごと〉を果たそうとしていたのではないでしょうか」

豊かな国民文化を紡ぐという〈しごと〉に続く、彼らのもうひとつの解釈が、〈共生する力〉です。

「〈共生する力〉とは、ルソーが『社会契約論』を提唱して以来世界で議論されてきた、人びとが集団生活において自律的に平和や秩序を維持する能力のことです。それは、アールトの生きた時代の社会や人びとを幾度も疲弊させた、戦争という行為へのアンチテーゼでもあります。

さまざまな身分や肩書き、バックグラウンドを持つ人間同士が共に生きてゆかねばならない都市で、誰もがストレスを軽減し、心地よく平和的に暮らすためには、いったいなにが必要なのか。その問いに対して、公衆サウナ、という答えに思い至ったのは、サウナの精神性を体得しているフィンランド人建築家のアールトならではと言えます」

トゥオマスさんとネネさんは、この解釈をもとに、さらに自身が向き合い続ける現代の〈文化的な〉公衆サウナの像についても、次のように語ります。

「ヘルシンキを拠点とする建築家・デザイナーとして、わたしたちはずっと、既存の開発計画や設計競技にとらわれずに、自発的になんらかの公共空間を創り出し、しかも、みずからその運営にも携わってゆきたい、というビジョンを抱いていました。そして、結果的に選び取ったのが、公衆サウナを建てて維持していくことでした。自分たちの暮らす街に、サウナ文化の特質を拠りどころとする公共空間を差し出すことこそが、いまやるべき〈しごと〉だと思い至ったのです。

フィンランド人にとってのサウナは、あらゆる煩わしさや不安や忙しさやストレスから心身を庇護し、癒してくれる、いわば日常生活における避難所です。そして同時に、人びとの〈共生の力〉を守り育てる場所でもあります。なぜならサウナの中では、たとえ他人と同じ空間に居ながらも、誰もがアイデンティティやテクノロジーを手放し、まさに身もこころも裸になって、みんなで同時に独りになれるからです。

人びとが、集団の中に身を置きながらも、自律的に個の安寧と他者との調和を保てる空間。それはまさに、シヴィリゼーションと呼ぶにふさわしい理想的な社会集団の姿であり、あらゆるしがらみや閉塞感にがんじがらめになった現代社会でこそ、その存在価値が際立つ文化なのではないでしょうか」

●九〇年経ってようやく日の目を見た、先駆的すぎた公衆サウナ構想

ともあれ、九〇年前にアールトが「クルットゥーリサウナ」の提案記事と図面を公開したあと、良心的な出資者や協力者が現れることもなく、市民はこの案をまったく相手にしなかったそうです。[注2]

公衆サウナは、人びとが集って文化を形成する場であるべき……という理想は、一九二〇年代当時の「サウナ浴さえできればよい」市民には、まったく響かない机上論に

すぎなかったに違いないと、アールト財団のティモさんは指摘します。サウナ協会さえ発足していない当時を生きるフィンランド人にとっては、サウナが自国の象徴になりうる土着文化現象なのだという発想すら、まだピンとこなかったのかもしれません。つまり、［クルットゥーリサウナ］のアイデアは当時あまりに進取的すぎたのです。

むしろ、現代になってようやく、アールトが九〇年前に躍起になった〈文化的な〉公衆サウナ構想について、人びとが共感したり議論したりできる素地が整ってきたと言えるのかもしれません。

現に、二〇一六年になって突如、ユヴァスキュラ市を含む中央フィンランド県は、湖水地方ならではの景観と特色を活かした公共空間づくりや観光の新テーマとして、「サウナ体験」を掲げ始めました。すると現代のケスキスオマライネン紙が、かつてのアールトによる「クルットゥーリサウナ」構想の概要や意義を見直す議論を提起し、ユヴァスキュラ市長もまた、将来的な都市開発計画の一案として、アールトの案に基づく公衆サウナ建設の可能性について言及。こうして、長年忘れ去られていたアールトの公衆サウナ構想が、九〇年もの時を経て、にわかに現代のユヴァスキュラ市民の耳目を集め始めた……という現状は、いささか皮肉的でもありながら、やはり改めて、アールトという建築家の並々ならぬ先見の明と情熱を浮き彫りにしたとも言えるでしょう。

注1　Keskisuomalainen-sanomalehti 22.1.1925 Alvar Aalto. "Eräs kaupunkimme kaunistustoimenpide ja sen mahdollisuudet(わたしたちの街の美化活動とその可能性)"

注2　アールトは、いわゆる公衆サウナは「クルットゥーリサウナ」構想以降も実現させることがなかった。ただし、自身が区画設計に携わった製鉄所の工場村内に、下級労働者がサウナ浴や洗身、洗濯をおこなうための「共同サウナ小屋」を実現させた例はある。こうした共同サウナやプライベートサウナを含め、彼が生涯で設計に携わったサウナ空間の総数は、サウナ建築が二三棟(うち一九棟が実現)、ある建築内のサウナ室が四三室(うち三二室が実現)とされる(情報提供：アールト財団)

ユヴァスキュラに計画中の新公衆サウナ　かつて［クルットゥーリサウナ］構想が提議されたユヴァスキュラでは、2018年現在、新たな公衆サウナをベイエリアに建設する計画が推し進められている

File_4

都会の水辺を賑わせる最先端公衆サウナたち

ローカルと観光客を引き合わせる、街角のウェルネスリゾートづくり

ヴィッレ・イーヴォネン／サウナ・フィンランディア・ホールディングス社代表

一章でプロジェクト概要を紹介した、ヘルシンキで大盛況の新しい公衆サウナ［ロウリュ］は、市から土地を借用して建設された、民間経営の複合入浴施設です。持株会社は、いまも国内外の諸都市で、同様の公衆サウナと飲食店という複合施設の総合プロデュースを着々推し進める、サウナ・フィンランディア・ホールディングス社。そして実質的な経営は、オーナー探しの段階で名乗りを上げた、かたやハリウッド俳優、かたや国政の政治家としても名を馳せる、二人の著名実業家が担っています。

実は施設のオープンまでには、構想から八年もの長い月日を要しました。この壮大なプロジェクト実現のキーマンとなった、サウナ・フィンランディア・ホールディングス社の代表を務めるヴィッレ・イーヴォネン（Ville Iivonen）さんは、なぜこの構想を推し進める決意をし、また、どんな信念を持って現在進行中の新プロジェクトに取り組んでいるのでしょうか。

●ロウリュ・プロジェクト実現までの紆余曲折

そもそもロウリュ・プロジェクトの発端となったのは、二〇〇九年にEU主導の湾岸都市事業の一環として始まった、ヘルシンキ市南端に伸びる南岸一帯の再開発プロジェクトでした。現在［ロウリュ］が建つ、ヘルネサーリ地区を含めた南西部の湾岸地区は、エストニアなどからの旅客船が入港する国際ターミナルもありますが、おもには古い造船所の集まる工場地帯。かつては、治安もエリアイメージも決してよいとは言えませんでした。

造船所は市有地を借用しており、二〇一二年に契約満了に伴う撤退が決まっていました。このタイミングで、南岸再開発プロジェクトを推し進めるヘルシンキ市都市計画課が動きます。ヘルネサーリ地区への新興住宅地誘致と、観光スポットづくりに向けた沿岸部一帯の土地活用を掲げ、市民から具体的な意見を吸い上げるために、市主催の対話やワークショップが何度か開催されました。

まさにその市民とのセッションにおいて、誰からともなく、「敷地内に、公衆サウナをつくってみてはどうか」という案が出たそうです。その意見に感化され、真っ先に公衆サウナの具体的な第一案を提出したのが、建築事務所アヴァント・アーキテクツを率いる、建築家のヴィッレ・ハラ（Ville Hara）とアヌ・プースティネン（Anu Puustinen）でした。「サウナキュラ（サウナ村）」と名付けられた当初のデザイン案は、彼らの実現した最終案とはまだ随分異なるものでしたが、これこそが、ロウリュ・プロジェクトのたたき台となったのです。

アヴァント・アーキテクツによって具体化された、ヘルネサーリ地区の沿岸部への公衆サウナ新設構想は、都市計画課の担当者もアドバイザーに就き、引き続きデザイン案の改良が進められました。ところがその後、例の造船所がロシアの会社に買収されて同じ土地で運営を継続することが決まり、市が進めるヘルネサーリ地区の再開発プロジェクト自体が頓挫してしまったのです。この時点で、公衆サウナ構想も一度は望みを絶たれましたが、建築家たちは、その後も新聞掲載などあらゆる手段を講じて、みずから熱心に協力者探しを続けました。

●実業家が惚れた海辺のツーリズム拠点という発想

その当時、まだ別分野の事業を手がけていた実業家のヴィッレさんは、彼らの案のことを全国紙で知り、すぐに建築家たちに連絡をとりました。アクティブなビジネスマンとして国内外を飛び回るヴィッレさんは、いまも多くの公衆サウナが残る湖水地方の街タンペレ

［ロウリュ］　この公衆サウナがあるヘルネサーリ地区はもともと造船所や工場が集まっており、市民の憩いの場とは程遠かった

出身。一般的なフィンランド人同様、もちろん幼少期からのサウナ愛好家で、とりわけ、人一倍忙しい現在の生活においては、定期的に心身を癒しリセットするためにサウナは絶対欠かせない場だといいます。

「フィンランド人にとって、もっとも贅沢で印象深いサウナ体験のひとつは、大自然の中にあるサマーコテージで休暇を過ごす間に毎日堪能するサウナです。コテージサウナの多くは湖畔や海辺に建てるので、サウナ浴の合間に、天然のプールで泳ぐという最高のクールダウンを併せて楽しめます。また、冬には凍った海や湖に穴を開けて、その中で果敢にクールダウンするアヴァントという伝統文化もあります。このような、自然との繋がりが感じられる、解放的で原始的なサウナ体験が都会の水辺でもできたら新鮮で面白いんじゃないかと、直感的に思ったのです」

言われてみれば確かに、港街ヘルシンキには前世紀にたくさんの公衆サウナがあったとはいえ、そのほとんどが市の内陸部につくられていました。というのも、公衆サウナを必要とした労働者が暮らしていた下町は、内陸に集中していたからです。

サマーコテージのサウナ　サマーコテージの別棟として水際に建てられたプライベート・サウナコテージ

右ページ（上）［クーマ］外観　川に面したサンデッキが心地よい。サウナ浴の合間に川に入水することも、もちろん可能　**（右中）［クーマ］のサウナ室**　窓が大きく明るい室内で、利用客がストーブを取り囲むように座る　**（右下）［クーマ］にあるレストラン**　レストランセクションは一面ガラス張りで、タンペレらしい水運の風景が見渡せる　**（左下）［クーマ］で提供されるフード**　フィンランドでもいま流行りを見せるローフードやビーガンメニューも豊富

「それに、サウナは間違いなくフィンランドらしい文化なのに、フィンランドに来てくれた外国人観光客が気軽に体験できるサウナが、これまでのヘルシンキにはほとんどなかった。だからこそ、近所の住民から観光客まであらゆる人が利用できる、本物志向だけれど敷居は低い公衆サウナをつくってみたいと思ったんです。だって本来、誰もがフラットな存在になれる場所、というのがフィンランド人の考えるサウナなのだから」

こうして一念発起したヴィッレさんと建築家たちとの間で、実現に向けたアイデアやプランの見直しと試行錯誤の日々が始まりました。

●都心で展開することに価値がある、公衆サウナ×ファインカジュアル・レストラン事業

ヴィッレさんはとりわけ、「公衆サウナ×レストラン事業」というコンセプトに可能性を感じ、サウナを核とした複合施設というプランへと舵を取り始めます。

「サウナ浴と、美味しい料理やドリンクを楽しむことは、どちらも日常でストレスを解消し、リラックスするために欠かせないウェルネス要素なので、相性がよくて当然です。実のところ、サウナ×飲食というコンセプト自体は、新しいものではありません。古い公衆サウナには、入浴後に立ち入れるカフェを併設した店舗もありましたから。ただし、レストランサイドのメニューや雰囲気は、都会的なファインカジュアル・クラスを目指しました。水辺での伝統的なサウナ体験と、首都ヘルシンキらしい飲食体験とを掛け合わせることで、外国人訪問客にとっては体験型観光スポットに、首都圏の住民にとっては手頃なアーバン・リゾートになりうると考えたのです」

この伝統×モダン、ローカル×アーバン、という掛け算ベースのコンセプトは、ヴィッレさんが語った点だけでなく、建築やサウナ室のデザインなど施設の随所に散りばめられています（一章を参照）。このコンセプトが功を奏し、市民から観光客までがまんべんなく集う現在の「ダイバーシティ・サウナ」が誕生したと言えるのではないでしょうか。

●都市型リゾート・サウナを他都市へ展開する

プロジェクト案が実現に漕ぎつけるまでのストー

リーに戻りましょう。ヴィッレさんは二〇一四年に、このサウナ・レストラン施設をヘルネサーリ地区に建てるための建築許可を、市から取得しました。ところが、着工から開業までの資金繰りの目処はまだついておらず、そもそも、ヴィッレさん自身にできあがった施設のオーナーとなる意志はありませんでした。そこで再び外部に向けてプロジェクト案を周知し、オーナーの募集を呼びかけたのです。

募集からしばらく経って、ヴィッレさんに出資の意を伝えてきた人物が、現オーナーを務めるヤスペル・パーッコネン（Jasper Pääkkönen）とアンテロ・ヴァルティア[注1]（Antero Vartia）という、大物実業家の二人でした。モダンな公衆サウナと洗練されたレストラン・バー、そしてバルト海が一望できる展望デッキ。新オーナーらによって「ロウリュ」と命名された、まったく新しい都市型ウェルネス複合施設は二〇一六年春にようやくオープンを迎え、一躍話題をさらいます。

ところでヴィッレさん自身がなぜ「ロウリュ」のオーナー職に就かなかったのかというと、実は彼の頭の中には、「ロウリュ」のオープンをあくまで始めの一歩としたさらに壮大な構想があったのです。それは、「ロウリュ」で確立させた都市型ウェルネス複合施設のコンセプトやノウハウを、ヘルシンキ以外の諸都市で増設していく、というものでした。水辺に位置するサウナとレストランの複合施設というコアコンセプト以外、つまり建築デザインやレストランサービスは、それぞれの都市の景観や風土に根ざして個性を持たせてゆく、というのがヴィッレさんの方針です。

早くも二〇一八年六月には、彼の故郷でもあり、世界サウナ首都宣言を掲げて勢いに乗るタンペレ市で、中心街からほど近い川辺の一等地に、「ロウリュ」初の弟分となる新施設「クーマ（Kuuma）」をオープンさせました。「クーマ」の建築設計には地元の建築家を起用。「ロウリュ」同様に、自然素材を多用したエコロジーで景観に馴染む建築、という基本アイデアのもとで、自由な意匠設計を依頼しました。メインレストランのメニューは「ロウリュ」同様、地産地消でオーガニックにこだわり、ローフードやヴィーガンなど多様な食スタイルに対応。いっぽうで、昼間に賑わいを見せるマーケット広場のそばという立地条件を活かし、「ロウリュ」よりもややカジュアルに、軽食やランチ・カフェメニューに力を入れたラインナップです。

サウナも一味異なります。［ロウリュ］では、サウナ・セクションにも簡易バーが設置されている代わりに、サウナ利用客が水着のままレストランバー・サイドには移動できないように（着衣してからの飲食が前提に）なっています。ですが［クーマ］では、サウナ・セクションとレストラン・セクションの間のパーテーションを完全に取り払い、水着でも自由に行き来できるようになりました。

このようにヴィッレさんは、店舗ごとに地元の専門家たちと手を組み、少しずつ新しいアイデアや試みを取り入れながら、まずはその土地に暮らす住民に愛される施設づくりを目指します。そのうえで常に、外向けにも魅力をPR。地元の観光局や同じ街の公衆サウナ店舗とも積極的にタイアップしながら、街ぐるみで盛り上げていくのが、彼の戦略なのです。

二〇一八年夏現在、ユヴァスキュラ市やクオピオ市、さらにはバルト海を挟んで対岸に位置するエストニアの首都タリンの水辺にも、新施設を建設予定。そしてゆくゆくは、フィンランド同様入浴文化に強い愛着とこだ

［クーマ］外観　タンペレにできた［ロウリュ］2号店の［クーマ］は、どことなくアールト建築を思わせる白色の木材を使った清楚な外観

わりを持つ日本にもノウハウを輸出したい、というのが、快進撃を続けるヴィッレさんの展望です。

●真のダイバーシティを維持するために、仕掛け側ができること

昨今日本でも一般的に使われるようになってきた「ダイバーシティ」という概念。東京都内の人工島にある某商業施設のイメージから、オリジナルの英語も"diver city"だと思っている人が多いようですが、正しくは"diversity"。すなわち「多様性」や、それに対するリスペクト精神を指す語です。

地元客からサウナ未体験の観光客まで、子どもからお年寄りまで。みんながフラットに集えるウェルネス・ステーションとして、ヴィッレさんが「ダイバーシティ」の概念を重視していることは、これまでの発言からも明らかでしょう。

とりわけ「ロウリュ」のサウナ・セクションにおいては、一章でも紹介したように、公衆サウナとしては異例の男女混浴制にしたことが特徴的です。また、マナーや禁止事項などを一切押し付けないこともユニークな試

[ロウリュ]の屋内ラウンジ サウナ室の横には暖炉を囲むあたたかな雰囲気のラウンジがあり、バーで買ったドリンクを片手にくつろぐことができる

TRIUMPH

ダイバーシティ・サウナ　フィンランド・サウナの真髄でもある、あらゆる人が肩書きを超えて繋がれる場を[ロウリュ]は体現しつつある

みです。実はこれらもすべて、ヴィッレさんや建築家たちが考える「ダイバーシティ・サウナ」を守り育てるための英断です。

「マニュアルを与えて従わせるのは簡単だけれど、それはせっかくの利用者同士の対話や交流のチャンスを奪ってしまうことになります。始めは利用方法のわからない外国人だって、地元客のふるまいに倣ったり直接尋ねたりするほうが、その土地の文化を一緒に体験できるし、そのやり取りをきっかけに会話も生まれます。海外旅行中に、地元の人と会話をした思い出って、ずっと記憶に残るものですよね。そもそも、普段出会わないような世代やタイプの人と、公共の場で和やかに話すという経験さえ、現代のわたしたちにとってはかけがえのない時間となるはずです。大丈夫。みんなお金を払ってリラックス目的で集いにきている人同士ですから、突拍子もないトラブルや迷惑行為を起こすような人はいませんよ。不思議といつでも、居合わせた客の間で暗黙のルールやマナーが共有されています。その場で臨機応変に秩序を生み出せるコミュニティこそが、本来のダイバーシティの姿だと思うのです」

だから、仕掛け側は、場を差し出す以上にあえてなにもしない。その代わり、利用客を信頼して場を委ねること。

そう、ヴィッレさんやこのプロジェクトに関わる人たちの共通の願いは、利用する人たちみずからが公衆サウナの文化や個性の一端となってほしい、というシンプルなことだったのですね。

注1　二〇一八年一〇月に持ち株をパーッコネン氏にすべて譲ってオーナー権を譲渡

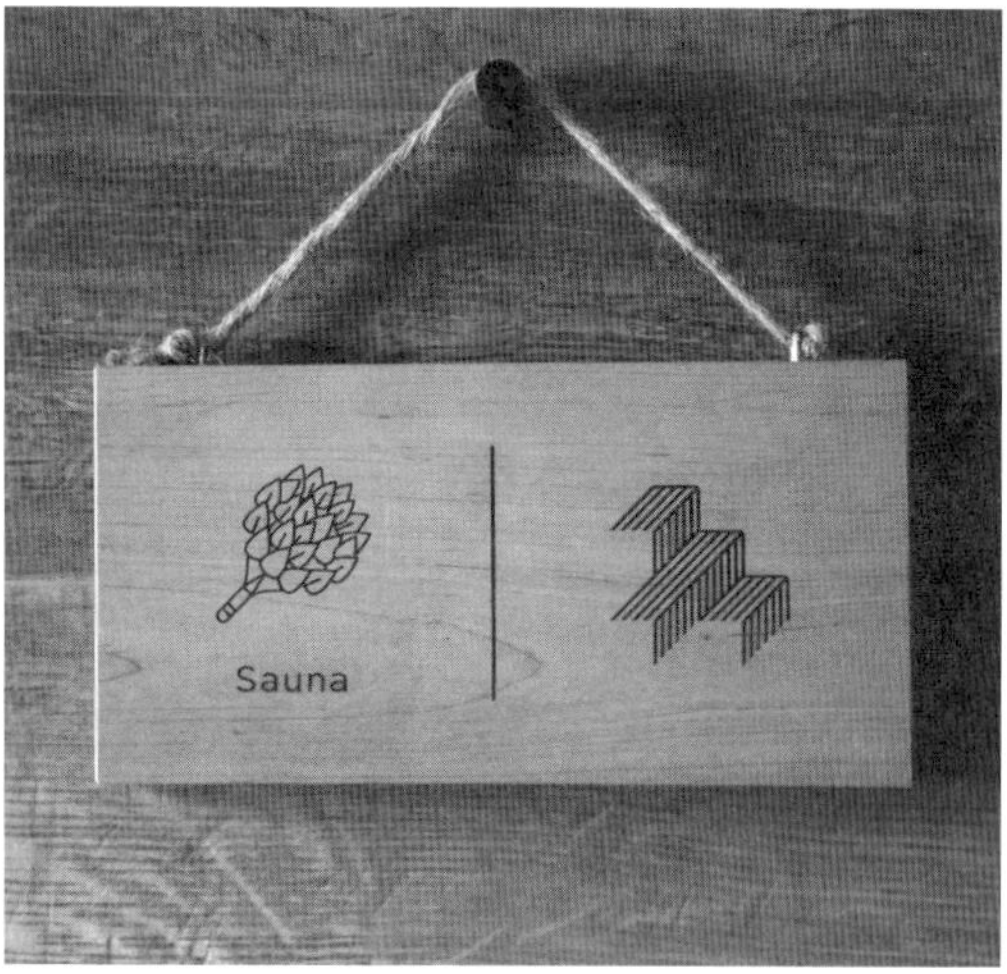

[クーマ]サウナ室のミニ看板　[クーマ]のシンボルマークは、サウナベンチの形状からデザインされている

File_5

みんなで建ててみんなで守る年中無休の公衆サウナ

管理人不在の公共空間は、市民の良心を寄せ集めて育てる

サーラ・ロウヘンサロ／「ソンパサウナ」協会副代表

ヘルシンキの中心街から地下鉄で一〇分の近距離にある、ソンパサーリ地区。「サーリ」は島の意味で、ヘルシンキ湾に浮かぶソンパ島という港のあった小さな島でした。二〇一〇年の埋め立てにより本土と地続きとなってから八年、近年は急速に新興住宅地開発が進んでいるエリアです。

●二四時間年中無休のミステリアスな無料サウナ

実はこのソンパサーリ地区先端の海岸部には、大型クレーンが唸りを上げる宅地の工事現場の影に隠れて、市民から「ヒッピー・サウナ」だの「アナーキー・サウナ」だの、なんともうろんな俗称で呼ばれている公衆サウナが、ひっそりと存在します。公衆サウナといっても、入浴料の徴収はなく、なんと二四時間、年中無休でオープンしている、まるで日本のコンビニのようなサウナ小屋と、雨ざらしのベンチやタオル掛け。なにより驚きなのは、このサウナには常駐する雇用スタッフが不在で、薪を焚べてサウナをあたためる作業も、火の始末も、すべて利用客自身に放任されている点です。

たとえ利用経験があっても、この一風変わった公衆サウナの設立経緯や運営母体の存在は知らない、というヘルシンキ市民も意外に多いよう。存在が知られるようになったここ数年の間にも、なぜか突然サウナ小屋の数が増えたり減ったり。利用客の多くは、首都のど真ん中だというのに平気な顔して素っ裸で入浴や外気浴を楽しんでいるからか、近づいたことのない市民の間では、都市伝説のような謂れのない憶測が飛び交っています。

ですが、このサウナ群には「ソンパサウナ」というれっきとした名称があります。そして、二〇一三年に発足したソンパサウナ協会という非営利団体のユニークな活動こそが、斬新な無料公衆サウナの存在を支え続けているのです。首都圏にあるアールト大学で情報ネットワーク学を学ぶサーラ・ロウヘンサロ（Saara Louhensalo）さんは、ヘルシンキ・サイクリング協会の主宰者として活躍するなど、キャンパス外の活動にも夢中な大学生。ソンパサウナ協会の発足当初からの会員でもあり、三年前から協会のボードメンバーに入り、いまは副代表を務めています。世代も本職もばらばらな社会人メンバーらとともに、彼女はどのように「ソンパサウナ（Sompasauna）」を生み出し、守り育てる活動に関わってきたのでしょうか。

●つくり手不明の無法サウナの元愛好家たちが、合法的に公共のサウナを再建

七、八年ほど前、まだソンパサーリ地区の大部分が更地で、住人も訪問客もほぼ皆無だったころのこと。湾を挟んでヘルシンキ中心街や港が一望できる、未開の海岸線の端っこに、知る人ぞ知る、つくり手も所有者も詳細不明のサウナ小屋が存在したといいます。わずか二畳分ほどの床面積で、緑のビニルシートで覆われたベニヤ板張りのボックスから、ひん曲がった煙突がにょろっと生えた、なんとも怪しげな掘っ建て小屋サウナ。けれどともかく、ストーブはちゃんと稼働するし、壁にはご自由にどうぞというメッセージが。それはいわば、公園のベンチと同じように、公共の場で万人に差し出されていたサウナだったのです。

いつから存在したのかもはっきりわからないこのサウナを、サーラさんが友人グループとともに偶然発見したのは二〇一一年ごろ。面白がって定期的にこのサウナを利用しているうちに、どんどん愛着が湧いていきます。通う頻度が増え、やがては自分たちでなけなしの費用を出し合ってサウナの修繕や改良をするまでに。このころ、次第にサウナの存在自体が口コミで市民に広まり、新たな訪問者も次々に加勢しました。もちろん、サーラさんたちのようにたまたまこの辺りを歩いていて存在に気づき、そのまま入り浸るようになったという人もいます。

こうして、いつしか市内のサウナ愛好家たちの一大コミュニティ拠点へと発展し、みんなに「ソンパサウナ」と呼ばれるようになった身元不明の公衆サウナ。そこは、いつ来ても自分をすっと迎え入れてくれる誰かに出会え、穏やかな自然がそばにあり、忙しない都心に居ながら身も心も着飾らないモードで存分にリフレッシュできる、秘密の隠れ家でした。

ところが、平穏な居場所の終幕は、彼女たちが「ソンパサウナ」と出会ってから三年めの夏に突然やってきました。なんの土地契約もなく多数の人の集うサウナ小屋を問題視した市が、強制撤去に踏み切ったのです。これを憂いたサーラさんを始めとする愛好家一同が、それならば自分たちで合法的に土地を借用し、もう一度この地に、ヘルシンキで「もっとも公共的な」サウナをつくろう! と、すぐに再建を決意。このような経緯を経て、二〇一三年秋に、ソンパサウナ協会が発足したのでした。

サウナ後の海水浴を楽しむ　写真では水着姿だが、遊覧船が行き交う都会の海でもお構いなしにみんな素っ裸で遊泳。そばに浮かぶ島は市営の動物園。サウナ浴中にライオンの吠える声が

屋外のタオル掛け　サイト内にはロッカーや更衣室はなく、外にいる人びとで互いに気を配り合いながら、屋外で荷物管理や着替えもおこなう

24時間で完成したサウナ　2018年7月現在稼働中なのは、前サウナの放火事件の翌日に協会員らが完成させた掘っ立て小屋サウナ

●フィンランド人ならではの技能とソーシャル術が発揮された、サウナ建造プロジェクト

協会発足後、さっそく協会と市との間で最初の短期的な土地賃貸借契約が交わされ、二〇一四年の夏には、協会主導のサウナ小屋第一号が建てられました。この新生「ソンパサウナ」は、「首都民のサマーコテージ」というキャッチコピーでまたたく間に市民に知れ渡り、一気に訪問客や協会員の数を増やすきっかけとなりました。発足当初はわずか数名だった会員数も、二〇一八年現在ではなんと総勢三〇〇名。賃貸借契約の更新に成功するたび、協会は建物のコンディションや最新のニーズを考慮して、新たなサウナ小屋建造に着手したり、建て替えしたり、公衆トイレやレクリエーション・スペースを増設したり……。限られた土地内で、生き物のように日夜代謝や進化を続ける居場所となっています。

もちろん協会主導となった後も、サウナ自体は協会員に限らず万人が無料で使えます。それどころか、サウナの建造作業さえも、万人に対して常に門戸を開いているのだそう。毎回の作業の告知や進捗は、会員以外でも閲覧可能なフェイスブックページで逐一報告され、「今日は〇時頃から始めるよ！」という協会員の投稿を見て、その日の都合や気分で集まれる人が作業を進めていく、というスタイルです。

プロジェクトの資金源は、会員から徴収している年会費（一人あたり年間二〇〜三〇ユーロで、入会費は不要）と、スポンサー企業や賛同者からの支援金。建材や薪用にと、廃材を提供してくれる個人や企業も絶えず、サイトには常に材木が山積みになっています。サウナ浴の傍ら、ビルダーが裸姿で斧を振り下ろす光景は、もはやツバメが巣づくりに勤しむような原始の営みそのもの。サウナ前の湾岸は、ときどき観光船が行き交いますが、裸体の人びとがくつろいだり作業をしたりしているのが見えても、とくにクレームは入りません。

それどころか、二〇一五年には、市民のサウナ文化を豊かにしたという点が評価され、「ソンパサウナ」の一連のプロジェクトに対し、ヘルシンキ市から文化功労賞が授与されました。近年はその際の賞金も、新たな建造事業に使われています。とはいえ、基本姿勢は当初から変わらず、「いかに限られた予算で愛着の湧くサウナがつくれるか」。

過去のユニークな試みのひとつが、利用客が出した

空き缶・空き瓶の回収ボックスを設け、そのリサイクル時に還元される手数料を材料費に充てて完成した、通称「プッロ・サウナ(ボトル・サウナ)」です。サウナ利用者同士の何気ない会話から生まれた「ソンパサウナ」らしいアイデアの集大成だったと、サーラさんは満面の笑みで振り返ります。

「協会は、活動維持に必要なお役所仕事を担うだけで、「ソンパサウナ」のビルダーでありオーナーであり管理人は、いつでもサウナを使う人たち自身。自分たちでつくって自分たちで使うから、サウナに対しても、周りの利用客に対しても、愛情を持つことができるんです。だから、まず主導者のわたしたちが、堅苦しい規則や組織体制にとらわれないこと。そして、できるだけ多くの人が気楽に参加できて、みんなでワクワクできるような活動アイデアや雰囲気を尊重することが秘訣だと思っているわ」

蛇足ながら筆者より補足しておくと、サウナ小屋を手づくりする程度のノウハウや必要技能なら、実は多くのフィンランド人が、社会人になるまでの基礎教育や実体験で身に付けています。なんたって、独学でサマーコテージを自作するフィンランド人も少なくないのですから。都会暮らしの現代人といえども、やっぱり森の民族でありサウナの申し子である彼らにとっては、マンパワーを結集すれば、道具を揃えてサウナ小屋を新たにつくることくらい、朝飯前の作業でもあるのです。

「ソンパサウナ」は「利用者自身が気ままに少しずつ手を加えて、自分たちの秘密の隠れ家を完成させていく」という建造プロセスも含めて、まさに首都民の共同サマーコテージと呼ぶにふさわしい場なのかもしれません。

そしてもう一点。この協会員や活動参加者たちのように、世代や肩書きの異なる多様な集団で、誰かのイニシアチブに頼らずフラットな共同作業を継続することには、少なくとも日本人より、フィンランド人はずっと慣れているのだと察します。

フィンランド社会では、同年齢のグループやコミュニティにだけ属しながら成長していくことは、むしろ稀です。例えば、学校にはいわゆる部活動が存在しないので、児童や学生たちの課外活動の場は、同じ趣味を持った幅広い世代の人たちが集う市民講座だったり、在籍校や学年不問のジュニアチームや楽団だったりします。しかも、生涯教育という価値観が根強く、大学の講義室を見

SEKAJÄTE
WASTE

TÖLK
CANS
ja pullot
and bottles

(上)初代ソンパサウナ 2011年当時にこの場にあり、ソンパサウナ協会発足のきっかけとなった、つくり手不明の無法サウナ
(左)提供廃材の山 山積みの廃材の奥に見える新しいソンパサウナはプロ大工の協会員を中心に現在建造中。7代目になるログ造りのサウナで収容人数も30人と過去最大級

右ページ(上)先代のソンパサウナ 過去につくられた小屋。毎回壁のペイントもみんなでおこない、材質も規模もテイストも異なる
(右中)外気浴を楽しむ タオルや水着を身に着ける人もいれば、裸で解放的に過ごす人も。友人やカップル、一人で来る人も多い。集った人たちの間には自然と和やかな一体感が生まれる
(右下)空き缶・瓶の回収ボックス フィンランドでは缶瓶のリサイクル時に小銭が返金されるので、利用者から空き缶を回収して予算に回す取り組みをしている
(左中)過去のサウナの建設風景 手狭になったり耐久性に問題が出てくるたび、一般人を巻き込みながら新しいサウナ建設に勤しむ
(左下)サウナを楽しむ人びと 利用客の大半は、互いに信頼しあって素っ裸で健全に混浴サウナを楽しむ

渡しても、学生の年齢や肩書きはあまりにさまざま。筆者の大学院ゼミ(芸術教育学)の同期には、理工学部と掛け持ちしている若者、定年退職後の元校長先生、バリバリと働きながら子育てもこなすお母さんまでいました。

このように、苦楽を共にするメンバーの年齢や立場が違う集団生活の連続ですから、フィンランド人はいちいち相手の年齢を気にしませんし、年上の人に敬語で話したり気を遣ったりすることは、一切ありません。上司や教授に対しても、下の名前で呼び捨てにするくらいです(笑)。

その代わり、相手がどんなことに興味があり、なにに長けているか把握するのが上手で、それらを活かせる機会を重んじようとする気風が強くあります。たとえ自分より年下であっても、あるいは組織上は部下であっても、なにかにおいて自分より秀でた技能を持っている相手が本領を発揮している間は、しっかりとリスペクトの意を示し、学びやサポートに徹するのです。

当人たちに自覚があるかはさておき、フィンランド人がこういう集団活動スタイルに慣れているということも、学生から七〇代の人までが集う「ソンパサウナ」で、世代を超えた巻き込み型建造プロジェクトがうまく廻り続けている、大きな理由のひとつである気がします。

●一番難しいのは、誰もがよき利用者になること

このように、利用者とともに場をつくり、改良していくというプロセスにおいて、「ソンパサウナ」は鮮烈な成功事例を生み出していると言えます。ですがほんとうに難しいのは、常駐スタッフも管理人も不在の特殊な公共の場で、不特定多数の利用者と、どのように利用マナーや秩序を共有し、恒久的に維持していくかだと、サーラさんは指摘します。

「ソンパサウナ」は、男女混浴サウナであり、かつ一般的な混浴公衆サウナ店舗のように、水着やバスタオルの着用を義務付けていません。事実、当初から利用者の多くは、男女ともに素っ裸での入浴をためらいなく楽しみます。だってやっぱり、サウナは裸で楽しむもの。大都市の一角の、しかも公共の野外空間で、こんなにも健全に身と心を解放できるウェルネスの場がある……という喜びこそが、「ソンパサウナ」の最大の魅力であり、愛好家たちにとっての誇りでもあるのです。

ところが二〇一七年夏に、ある全国紙の取材がきっか

けで、「ソンパサウナ」体験者のなかに、かつてほかの利用者のセクシャル・ハラスメント行為に遭った、もしくは目撃したという事例が少なからずあったことが発覚します。裸でサウナ浴を楽しんでいる女性客に、不快な視線や言葉を投げかけてきた中年男性がいたという証言や、サウナ室内での自慰行為まで目撃されていたのです。

それまで、「（故障の原因になるので）ストーブへの海水の打ち水禁止」、「サウナ室での寝泊まり禁止」といったごく最低限のお達し以外は、これといったルールや禁止事項を掲げず、利用者の責任と判断力にすべてを委ねてきた「ソンパサウナ」。ですが、このときはさすがに、取り締まりの強化や禁止事項の明文化に対する是非の声が内外から上がり、大きな議論に発展しました。それでも性善説を固持し、寛容で居続けるべきなのか。多少窮屈になっても禁止や利用者制限を実施すべきなのか……。

結果的に協会側が制定した新たな対応方針は、問題行動を起こした不審者の徹底的な身元特定と出禁の発布。公衆サウナという、互いの信頼感や安心感の上でこそ成り立つリラックス行為の場では、その根幹を揺るがすセクシャル・ハラスメントだけはなにがなんでも撲滅すべきという、協会側の強い意思に基づく対策です。また、こうした事件を未然に防げるよう、あるいはすぐその場で処罰できるよう、協会員や常連客が中心となり、今後はもっと利用者同士でサウナ室の雰囲気や異変に気を配り合っていこう、という行動指標を周知しました。

その代わり、裸入浴に対する禁止令や、貼り紙などによる細かな条例の徹底は、引き続きおこなわないままでいることに決めたのだそうです。

もうひとつ、ソンパサウナの協会員や愛好者たちを震撼させたのが、二〇一八年四月末のある深夜に起きた、例の空き缶リサイクルで実現した「プッロ・サウナ」の、まさかの放火事件。ちょうど新しいログハウス・サウナをみんなでつくっている期間で、事件の翌朝、建造作業に一番乗りしたメンバーが第一発見者となったのです。

犯人探しは警察に委ねられましたが、このときもセキュリティの問題をめぐってさまざまな意見が飛び交いました。けれどやはり、サウナという場の特性上、監視カメラをつけるわけにもいかないし、非営利事業に警備員を雇うというのもおかしい。

「わたしたちの生きる社会からは、悪い行動を起こす人をゼロにすることはできないし、たとえ貼り紙で禁止を訴えても、そういう人に効力はなくて、いつでも善人たちの自由が奪われるいっぽう。「ソンパサウナ」が力を入れるべきなのは、そういうところではないと思う。本来、ほとんどすべての利用者は、ただ純粋にみんなとより心地よいサウナ浴を楽しみたいだけでここに来ているのだから。結局、みんなでつくったサウナと、楽しみを共有できる仲間を、もっと大切に思って、だからみんなで守っていこう、という意識を強くしていくことが、最良の解決法なのだと信じたい」

これが、サーラさんら協会のボードメンバーが、たくさんの葛藤を経験し、悩んだ末に出した答えです。

●利用者が自分の頭で考え行動してこその公衆秩序

セクハラ事件や放火事件を経て、二〇一八年五月に公共放送局がソンパサウナ協会の今後の姿勢を取材したとき、協会会長のトゥオマス・タンネル（Tuomas Tanner）さんは、これこそが「ソンパサウナ」でもっとも大事なルール、と前置きして、こう訴えかけました。

「愚かになるな。それはほかの日常生活においてもそうだし、とりわけ、このソンパサウナではね」

彼のやや抽象的な発言には、すなわち、どんな行動が愚かでふさわしくないのかは、具体例を与えられるのを待つのではなく、自分たちの頭で考えるべきだ、というメッセージがこもっています。

一人ひとりの考える「愚かなこと」とそうでないことは、まったく一緒とは限らない。けれど、世代も肩書も価値観もまちまちな他人たちと、一緒につくったサウナに入って交流を深めていくうちに、少しずつピントは合ってくるはず。「みんなでつくるサウナ」なら、そこでの秩序や安心感もみんなでつくっていきたい、という協会側の思いが込められているのです。

［ソンパサウナ］に描かれた文字　使い手の自律精神に委ね運営する［ソンパサウナ］の扉に書かれた「愚かになるな」というメッセージ

File_6

年に一度の街中一斉公衆サウナ化計画

赤の他人を信頼する勇気で、豊かさの新境地を拓く

ヤーッコ・ブルンベリ／「ヘルシンキ・サウナデー」発起人

筆者が初めてヤーッコ・ブルンベリ（Jaakko Blomberg）さんにお会いしたのは、二〇一六年三月に実現した第一回「ヘルシンキ・サウナデー（Helsinki Sauna Day）」の日に、取材も兼ねて彼のご自宅のサウナにおじゃましたときでした。彼と、筆者のパートナーと、互いに面識のない男性訪問客に混ざって紅一点、四人掛けが精一杯のサウナベンチにぎゅうぎゅう詰めで座り、同じロウリュを浴びながら素っ裸のお付き合いをするという、なかなか印象深いシチュエーションでの初対面を果たしましたっけ。なにを隠そう、日本人にとって驚きでしかないこの究極のシチュエーションが、終日街のあちこちで同時多発的に繰り広げられるのが、ヤーッコさんが主催者を務める、「ヘルシンキ・サウナデー」という新手のソーシャル・イベントです。

●自宅のサウナにだって赤の他人を招く、常識破りのソーシャル・サウナイベント

「ヘルシンキ・サウナデー」は、その日一日、「うちのサウナにどなたでも入りに来ていいですよ」と名乗り出た一般市民の自宅サウナ、アパートメントの共同サウナ、ホテルのラウンジ・サウナなどに、訪問希望者が自由に出入りしてサウナ浴を楽しめるという、日本人の常識ではどうやっても理解しがたい趣旨の、ソーシャル・イベントデーです。二〇一六年以降、現在は毎年一回、三月なかばの週末に開催されます。

受け入れ可能なサウナは、公式サイト上で数カ月前から公募され、エントリー・サウナについては、ロケーションやアピールポイント、男女別か混浴か、といった細かな情報が随時公開されていきます。ヘルシンキと名は付いていますが、市外からでも、なんと国外からでも、エントリーは自由。過去にはドイツやタイでも便乗したエントリーがあったのだとか。これまで、平均五〇カ所ほどのサウナが毎回エントリーを果たしています。

もちろん、サウナによっては収容人数の上限があります。そこで、訪問客数を効率よくコントロールするため、サイトでは時間帯ごとに定員と受け入れ可能者数が表示され、予約管理ができるようになっています。訪問者は、メールアドレスやフェイスブックのアカウント経由でログインすれば、訪問予定時間に合わせてサウナベンチを事前にキープできる、というシステムです。

予約と同時にサウナのオーナーに予約者のコンタクト先が自動送信されるので、アパートへの入館方法などの情報は直接オーナーから連絡が来ます。当日、参加者はタオルと飲み物、必要なら水着を持参し、予約時間に合わせて各所を訪問します。

エントリー・サウナのスタイルや雰囲気は、訪問場所によって千差万別。あるデザイナーズマンションでは住民が総出でスタッフとなり、屋上の共同サウナやパーティルームに訪問客を迎え入れて、お家自慢を兼ねた心尽くしのもてなしをする……なんてパターンもあれば、ヤーッコさんのように、自宅の家族用サウナに数名ずつ招き、ホストみずからも一緒にサウナ浴をして、初対面同士ながら少数で気の置けない交流を深めるパターンもあります。

さらには、普段は宿泊客以外立ち入ることのできない市内ホテル所有のサウナが一般開放されたり、テントサウナやモバイルサウナの所有者が、公共の場で入浴場をオープンしていたり。街中で同時にサウナストーブが蒸気を放ち、人びとがバスタオルを携帯して都会を行き交う……まさに、フィンランド人のサウナ

エントリーサウナの所在であることを示す貼り紙　イベント当日、エントリーサウナの会場には共通デザインの貼り紙が用意される

(上)サウナデーのヤーッコさん自宅　サウナデー当日、主催者みずから自宅に訪問客を招くヤーッコさん。キッチンでは手づくりの軽食も振る舞っていた　(右中)サウナを楽しむ人たち　サウナの中では、不思議と他人同士でも笑顔で親密になれる　(右下)海辺のサウナでのクールダウン法　海辺に設置されたサウナでは、海水に入水してクールダウンする人たちも　(左中)自家サウナの庭でのクールダウン　雪の残る民家の庭でクールダウンする訪問者たち　(左下)夕刻のサウナ利用者　薄暗くなった夕刻でもまだまだサウナ浴を楽しむ人たち

愛ここに極まれり、と言わんばかりの異色のイベントなのです。

●サウナ・ツーリズムを推す観光局が太鼓判を押した、イベント・プランナー考案の冒険企画

「ヘルシンキ・サウナデー」の発起人であり、初回からの主催者を務めるヤーッコさんの本職は、イベント・プランナー。とりわけ、アートやデザインをツールとした公共事業や地域おこしイベントを、専門的にプロデュースする会社を率いています。

ヤーッコさんが、アートとは直接関係のなさそうなこのサウナ・イベントを思いついたきっかけは、彼が以前に手がけた「自宅劇場フェス」が下地にあるといいます。もともと彼が得意とするのは、街で普段あまり使われていない場所、あるいは民間人が日頃自由に立ち入る機会のない場所を舞台に、なにか斬新なアート・イベントを立ち上げること。「自宅劇場フェス」は、誰かのプライベート・スペースにパフォーマーと観客を招致して、その特殊な環境ならではの身体表現と鑑賞者の反応を楽しむ、実験的なイベントのひとつだったそうです。

このイベントの後、今度はフィンランド人らしく「サウナ劇場フェス」もありかもね……なんて、ヤーッコさんらが構想を膨らませていた折、まさにヘルシンキ市観光局が、サウナ・ツーリズム開拓の足がかりとして、サウナ文化をテーマとしたシティ・イベントを画策していることを知ります。このときに、ヤーッコさんの頭にぱっと浮かんだのが、現在の「ヘルシンキ・サウナデー」のアイデアでした。勢いで観光局に概要を提案してみると、初めから興味を示してもらえ、驚くほどスムーズに全面協力や資金援助が約束されたのだといいます。

さらに、公衆サウナ店舗や博物館、ウェブ開発やグラフィック・デザインを手がける友人まで、この前代未聞のアイデアを面白がって、次々にスポンサーが名乗りを上げてくれました。おかげで、プロジェクトは初期から、資金面でも人材面でもまったく不自由なし。ヤーッコさん自身も、自信と余裕を持って、企画の練り上げや準備に打ち込むことができたのだそうです。

余談ながら、ヤーッコさんの発言一つひとつは、率直に言えば、あらゆる反論を説き伏せる論理的な説得力がある……という感じではありません。インタビュー

の間も、直感的ながらポジティブで人間味あふれる彼の語りに耳を傾けていると、細々とした疑問や不安に先立って、「確かになんだか楽しそう！」という好奇心のほうが、不思議と揺さぶられます。これまで紹介してきた事例でも当てはまることですが、このくらい大胆不敵で快活なリーダーと、彼の発想を冷静な反論よりも先に面白がって真剣に受け止めるポジティブ思考のパトロンや協力者たちの協調関係こそが、新しい風を吹かすエネルギーを生むのだなと、思い知らされます。

●ソーシャル・イベント大国で白羽の矢が立った、サウナ文化の強みとは

このような「公共空間と一般市民のプライベート空間とをまたいで繰り広げられるソーシャル・イベント」で言えば、フィンランドには世界的にも有名な成功例がすでに二つあります。

ひとつは、二〇一一年に始まったレストランデー。出店資格を持たない一般人でも、自宅や路上で自由に自作料理を販売してよいという一日です。そしてもうひとつが、二〇一二年の春から年に二回ペースで開催されてい

屋外で楽しむ人たち　まだ肌寒い3月でも、サウナ後なら屋外でくつろぐのは気持ちいい

るクリーニングデー。こちらは、自宅でいらなくなったものを路上などで自由に販売してよい一日で、街中に個性豊かなフリーマーケットがあふれます。こうした頼もしい前例があったからこそ、この奇天烈サウナデー構想も厳しい異論にねじ伏せられることなく市に後押ししてもらえた、という点も疑いないでしょう。

サウナがテーマのソーシャル・イベントには、さらに新しい可能性がいくつもある、とヤーッコさん。

「普通、ソーシャル・イベントは気候のよい夏にばかり開催されるけれど、フィンランドの夏はとにかく短いだろう? むしろ、フィンランド人がほんとうに人との繋がりや楽しみを必要とするのは、長くて精神的にも堪える冬の間なのに。その点、サウナ・イベントのいいところは、まず気候や季節に左右されないことだよね。むしろ寒い季節のほうが喜ばれる」

サウナデーは、だからこそ、まだ寒くてほかに目立ったイベントも少ない三月開催にしているのだそうです。

また、元来社交性が高いとは言い難いフィンランド人にとって、自分のサウナに赤の他人を招き入れるという行為は、伝統的にも特別な意味を持ちます。いわば、その人のことをこころから信頼し、自分もオープンになるよ、という意を表した、もっとも慈悲深いおもてなしの方法なのです。

「見知らぬ人同士でも、サウナでホスピタリティを示し合ったり、こころを開きあったりできる人が増えたら、都会ももっと居心地のいいコミュニティになるんじゃないかな。都会には、もうあまり使われずに物置化してしまっているサウナも意外と多い。そんなサウナをこの日だけでも一斉にあたためて、友人や見知らぬゲストとの裸の付き合いの場にしてみるって、なんだかワクワクしない?」

●トラブルや迷惑行為は参加者が自主的に回避する

とはいえサウナデーは、史上もっともプライベートな空間に他人同士が足を踏み込みあうことになるのは必至。そもそもエントリーによってサウナの所在を公開することは、住所をはじめとする個人情報を見知らぬ人にさらけ出す行為です。個人情報に敏感な日本人から見れば、まずこの時点でもってのほか！ と拒絶反応が起きるであろうことも、容易に想像がつきます。

そして当然ながら、狭くて薄暗い密室空間で、裸や水着姿をさらしながら見知らぬ人と交流する……という状況をイメージしたとき、ついネガティブな想像のほうが肥大化して躊躇してしまう人だって、少なくないでしょう。

実際のイベントの現場では、客同士がトラブルやハラスメントを起こしたという報告はこれまで一切ないそうです。けれど、受け入れ可能なサウナとして集合アパート内の自宅サウナをエントリーしたホストが、アパートの管理人に咎《とが》められてイベント当日に急遽キャンセルせざるを得なくなったり、近隣住民からのクレームがヤーッコさんのもとに直接届いたりしたことは、過去に何件かはあったそう。

ヤーッコさん自身は、その都度主催者としてのクレーム対応に徹しつつも、イベントが定着するまではこういうことも想定内、と涼しい顔。

「このイベントに賛同する人もいれば、関わりたくない人もいて当然。誰かの楽しみや平穏を侵す権利はどちらにもないし、とくに参加者以外の近隣住民や通行人に迷惑をかける行為は、もちろんあってはいけないよね。けれどそれは、最終的にはホストや参加者の思慮深さに

自宅サウナを裸で楽しむ訪問客　公開された自宅サウナでは、男女問わず裸で楽しむ訪問客も多い

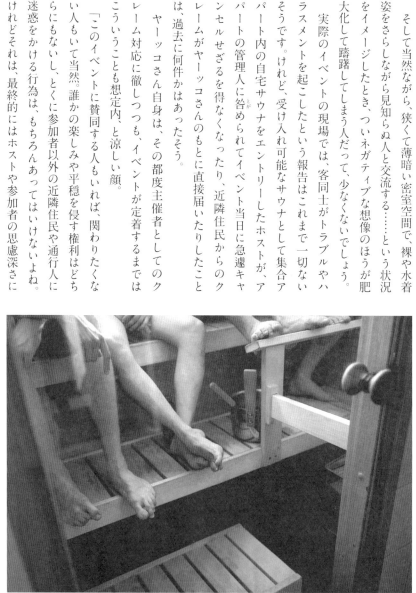

委ねるしかないこと。フィンランド人なら誰だって、サウナ浴のときの振る舞い方は心得ていると信じている。だから主催者側から細かなルールは公布せず、エントリーから当日まで、みんなに自分の頭で考えて行動してもらう姿勢を、これからも貫いていくつもりだよ。大丈夫、それでもちゃんと物事はいい方向に進むから」

●他者のことが信頼できると、社会も精神ももっと豊かになる?

もちろん、フィンランド人だって、誰もが好んで自宅を公開したり個人情報をあけっぴろげにできるわけではありません。いくらサウナが好きでも、知らない人となんてお断り! という感性の人だって、どんな世代にもいます。ですが、「プライベートの見せ合い」という観点においてのフィンランド社会全体の傾向としては、その抵抗感が日本よりずっと低いと言えそうです。

例えば、ウェブサイトやSNS上で、必要とあらば自身の電話番号やメールアドレスを公開したり、個人間の物品売買で、赤の他人の購入者に住所を教えて自宅まで取りに来てもらったり……といった行為は、多くの

ホテルのラウンジサウナ 市内のホテルでも、普段は宿泊客しか使えないラウンジサウナが開放される

フィンランド人が日々ためらいなくおこないます。国民の個人情報は、納税や通院・処方履歴の情報管理から、銀行や携帯会社との契約に至るまで、マイナンバーに相当する個人登録番号によって一括管理されており、各所で適宜アクセスされるのが当たり前。また、大統領級の要人や著名人が、秘書や護衛なしに私用で街を出歩いていることも、この国ではそんなに珍しくありません。

確かにフィンランドでは、治安のよさや、社会保障制度の充実度などに依拠した国家に対する国民の安心感や満足度が、世界基準より高いのは事実です。けれどもちろん、フィンランドでも日々犯罪は起こっているし、テロの脅威だって常にあるし、ソーシャル・コミュニティのなかで生きている限り、自分もどこかで痛手を負う可能性がゼロでないことを、国民は多かれ少なかれ自覚しています。

にもかかわらず、フィンランド人たちが概ね、他者のことを信頼するリスクや恐怖よりも、メリットや利便性を自然と優先できるのはどうしてなのか。あるいは、日本人はどうして、フィンランド人とは真逆の思考をつい先行させてしまうのか……。この疑問には、筆者自身いまもずっと頭をひねり続けているし、当のフィンランド人にぶつけてみても、彼らにとってはそれが当たり前すぎて、的を得た回答が返ってくることはありません。

ただ、筆者がフィンランドに暮らしていて確信を持てるのは、他者のことを信頼して自分のガードを少しでも緩められたら、余計なお金や時間や労力を削ぎ落とし、合理化を図れるものごとが世にたくさんある、ということです。現にその結果、フィンランド人はわたしたち日本人が知らない類の利便性や楽しみや幸福感を、日常的にずっとたくさん享受しているように見えてしかたないのです。

日本からのお客さまとフィンランドで数日一緒に過ごしていると、ほぼ一〇〇%、彼らの口から聞かれるのが、「この国は、なんだかすごく豊かですね」というフレーズ。でも面白いことに、日本を訪れたフィンランド人も必ず、「日本はなんでもあって、なんて豊かなんだ！」と感激をあらわにするのです。

察するに、フィンランド人が日本で感じるのは「物質的な」豊かさであるのに対し、日本人がフィンランドで感じる、自分たちにない類の豊かさというのは、もっと

「精神的、人間的な」なにかのこと。そして、そのかたちなき豊かさの要素のひとつが、「他者を信頼する」ことに端を発した、社会全体に漂う楽観性や寛容さなのではないでしょうか。

「ヘルシンキ・サウナデー」の日に、無防備な出で立ちの人びとが、プライベート空間や公衆の面前であんなにも楽しそうで幸せそうな顔をしているのを見ていると、他者のことを信頼するのが怖いからという、ただそれだけの理由で「そっち側」に行けないのは、ものすごく損をしているのかも、と感じ始めます。そして筆者自身、いざ覚悟を決めてそっち側に渡ってみたからこそ気づけたこともあります。それは、「勇気を持って信頼しあった人同士のコミュニティは、みんなでどうにかしよう、という一人ひとりの意思や思いやりが折り重なってセーフティネットを築いているから、むしろ安心して居られる」ということでした。

「あるコミュニティで安心感を得るためには、まず自分から、他者に信頼してもらえるような気遣いやふるまいをすることが大事だね。そうすれば、その場においてなにが適切でなにが不適切かは、誰かに教えられなくても、誰でもおのずとわかってくるものだから。サウナやお風呂の文化を現代にまで守ってきた国民なら、それは難しいことではないと思う」

ヤーッコさんがそうアドバイスする、個々人の思いやりやふるまいが出発点となった安心感を肌で実感する機会が、わたしたち日本人のコミュニティには、いま少し足りていないのかもしれませんね。「赤の他人でさえ信頼しあう勇気」が生み出す豊かさの値打ちに気づくことができれば、お風呂デー・イベントが日本に根付く日も、いつかはめぐってくるのでしょうか。

[ヘルシンキ・サウナデー]の公式ロゴ

［ヘルシンキ・サウナデー］(p.133)のワンシーン

四章

現代公衆サウナ論

価値づくりのキーワードは「人の居場所」と「街の文化」

外気浴を楽しむ人びと　［ラヤポルッティ・サウナ］（p.73）の中庭は、幸せそうな老若男女が集う憩いの空間

前章の最後で、「勇気を持って信頼しあった人同士のコミュニティは、みんなでどうにかしよう、という一人ひとりの意思や思いやりが折り重なってセーフティネットを築いているから、むしろ安心して居られる」という筆者自身のいち体験談を綴りました。「ヘルシンキ・サウナデー」に限らず、筆者がこれまでフィンランド各地の公衆サウナで何度も体感してきたこの不思議な〈安心感〉について、現代公衆サウナ論への導入がてら、もう少し考察を続けてみたいと思います。

二章の終わりでも少し言及したように、公衆サウナや銭湯などの公衆浴場は、現代的に言えばまさに「サードプレイス」としての特性を備えた公共空間です。ですが、例えばカフェと公衆サウナとでは、同じサードプレイスでも、個人と周囲の客（他者）との関係性は大きく変わってきます。それはやはり、サウナ浴が裸という無防備な姿をさらしながら、すぐそばに他者のいる閉鎖的空間で心身のリラクゼーションに集中する……という、やや特殊な行為だからです。だからこそ、空間内には個人の平穏を守ってくれる絶対的な秩序と安心感が必要となります。

ただし、そもそもそれは、居合わせた人びとがこころをひとつにし、自分自身の平穏と同時に他者の平穏を尊重しようとすることでしか成り立ちません。そこで、常連さんにも一見さんにも、公衆サウナで必要とされるのが、そばにいる他者のシグナルに常にそれとなくアンテナを張るという、小さな努力です。

もし自分のふるまいが相手の平穏を害していると察したなら、それを直ちに微修正する。誰かがつい場違いな行為をしたとしても、正義感から怒鳴って場の空気を冷やすのは本末転倒というもの。以心伝心が難しければ、やんわり意思を伝えたり尋ねたり、他人を模倣したりして、さりげなく相手の求める好ましい雰囲気づくりに努めてあげる。また、ときにはみずからもう少し寛容になって、自分と違う楽しみ方をしている相手を放っておいてあげる……。

そうして、互いの欲求と思いやりがじんわりと滲むように馴染んでゆき、神経回路のように拡がっていくと、やがてそれは、コミュニティ内に確かなセーフティネットを形成し、そこでは誰もが自分らしい楽しみ方や心地よさを感受できます。これこそが本来、誰かが決めた厳格なルールや常識や禁止事項に縛られなくとも、公衆サウナという特異な空間に、安心感と一体感が生まれるからくりではないでしょうか。

そしてこれはまさに、かつてアルヴァ・アールトが「シヴィリゼーション」と呼んだ、現代社会で必要とされている、しなやかで成熟したコミュニティの縮図でもあると思うのです。

二〇一五年に筆者が執筆した修士論文『現代の社会における公衆サウナの意義―二〇一〇年代にヘルシンキで実現した公衆サウナ・プロジェクトのコンセプト分析に基いて』[注1]では、「いま、なぜ公衆サウナなのか?」という問いに対する答えを整理して言語化するために、二つのキーワードを立てて、最新の公衆サウナ事例をめぐるインタビューやフィールドワークをおこないました。ひとつめが〝yhteisöllisyys〟で、「公共性」という概念を指す語。そしてもうひとつが、「都市文化」と直訳される〝kaupunkikulttuuri〟という語です。

「公共性」のほうは、そのままでは小難しく聞こえますが、「**人の居場所**」としての空間の価値、と言い換えればイメージしやすいでしょうか。すなわち、公衆サウナという公共空間のなかで、利用者自身がどんな心地や体験を得られるか。とりわけ、「赤の他人同士が集った場でのサウナ浴」という体験が、その一期一会のコミュニティに居合わせた人びとの情緒やふるまいにどんな作用を及ぼすのか、という観点です。

いっぽうの「都市文化」というのは、すでに街のインフラではなくなってしまった公衆サウナという施設が、根ざす地域の営みや街づくりにどんな文化的価値を生み出しうるか、という観点です。日本語では「都市」というと、人や経済が密集した都会的イメージが強調されてしまうので、ここではもう少し柔らかく「**街の文化**」と呼ぶことにしましょう。

実のところ、「街」という語が具体的に規定する領域は、各公衆サウナのプロジェクトリーダーが持つビジョンによって異なります。公衆サウナが築かれた近隣地域のコミュニティだけを「街」と見なす事例もあれば、市や自治体、あるいは国全体を「街」と包括する事例もあります。

「公衆サウナ」が影響を及ぼしうる二つの領域

①人の居場所（yhteisöllisyys）
②街の文化（kaupunkikulttuuri）
- - - 公衆サウナ

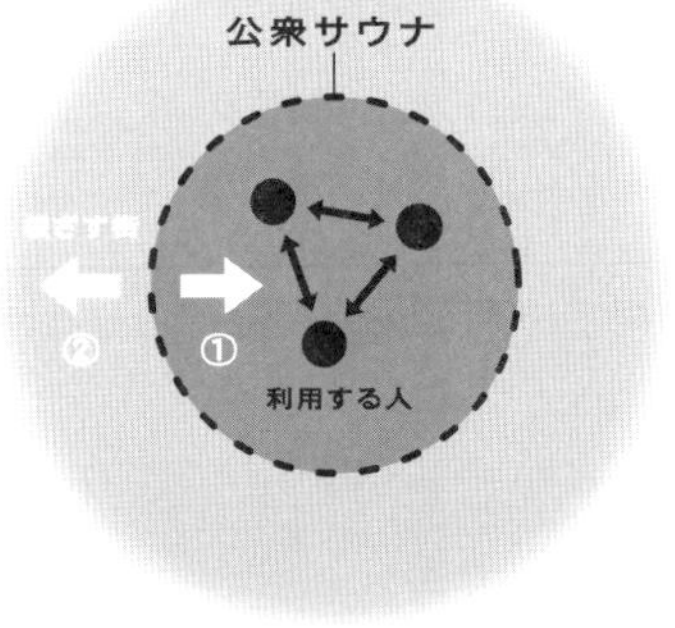

ともあれ、「人の居場所」と「街の文化」は、公衆サウナという公共施設が、その内側（利用する人）と外側（根ざす街）に、それぞれどんな影響を及ぼすか、を捉えるための

視点だとお考えください（一四八頁図参照）。この二方向の視点から、三章の六つのプロジェクトで打ち出された「公衆サウナの新しい意義」を、いま一度おさらいしてみたいと思います。

●「人の居場所」としての公衆サウナの意義

再稼働のために一丸となった近隣住民らが郷土愛を実感しに来るコミュニティ拠点になった。さらにスタッフや常連客が、外部からの客も輪に迎え入れるおおらかな姿勢を見せ、いまや稀有になった古き良き情緒を、利用客みんなで共有することに成功している。

［ラヤポルッティ・サウナ］／タンペレ

日常生活の圏内で、他者との平和的な交流やささやかな一体感に喜びを見出す現代的な指向をもった都市生活者に、公衆サウナがまさに理想的な「心地よい集いの場」であるという価値観を普及させた。

［サウナ・アルラ］／ヘルシンキ

他者と同じ空間を共有しながら、ときに深遠な会話や交流を楽しみ、ときに安心感を持って自身のリラクゼーションに集中するという精神的成熟度の高い入浴行為を通じて、〈共生の力〉を養うことができる。

アルヴァ・アールトの［クルットゥーリサウナ］／ユヴァスキュラ・構想のみ

多様性を支持しつつもルールや価値観を押し付けないことを徹底した結果、ローカルと観光客がフラットに交わり、彼らの間に自然と心地よいムードや秩序が調律されて活性化していく社交の場を創出した。

［ロウリュ］／ヘルシンキ、［クーマ］／タンペレ

公共の場を自律的に守ろうという一人ひとりの良心があれば、どんな監視の目を持たなくても、究極的な自由の喜びを他者と享受し合える、という自由主義社会の理想郷を実現させた。

［ソンパサウナ］／ヘルシンキ

他者を信頼し、他者に対して寛容になる勇気の見返りとして、プライベート空間で見知らぬ人たちと健全な裸の付き合いを楽しむという、斬新で豊かなコミュニケーション体験の機会を提供した。

［ヘルシンキ・サウナデー］／ヘルシンキ

●「街の文化」としての公衆サウナの意義

公衆サウナの伝統文化を次世代に受け継ぐ、生きた文化財としての希少な地位をみずから確立。観光サービスを意識した過度な開発や設備投資なしに、国内外から本物志向、体験重視の観光客を誘致し続けている。

［ラヤポルッティ・サウナ］／タンペレ

老舗公衆サウナの空間を、世代や民族をまたいだアート体験や社会問題へのアプローチに積極活用することで、入浴施設を都市部における多文化共生社会の一拠点に変容させた。

［サウナ・アルラ］／ヘルシンキ

建築・都市設計的にも先進的なデザインを提起し、従来審美性とは無縁だった浴場施設に対して、公衆サウナは街や国が誇れる独自文化の拠点になりうるのだ、という価値転換を図った。

アルヴァ・アールトの［クルットゥーリサウナ］／ユヴァスキュラ・構想のみ

コテージ休暇を象徴する水辺のサウナ浴習慣を、都市のウォーターフロント活性化計画とマッチング。さらに先駆的な建築意匠や設計手法によって、市民にとっての手頃なシティ・リゾートかつ、外国人訪問客にとっての体験型観光スポットとして、集客力ある公衆サウナ・ビジネスを実現した。

［ロウリュ］／ヘルシンキ、［クーマ］／タンペレ

郊外に見出された未活用の土地で、サウナの建設から利用までの、生産者・消費者の関係を打ち壊した余暇活動の機会を市民に提供。自国らしい無形文化を核に、自治的で持続可能な、万人参加型の非営利プロジェクト・モデルを生み出した。

［ソンパサウナ］／ヘルシンキ

サウナという昔ながらの空間を「もてなしの場」と捉え、現代的なソーシャル・イベントに紐づけた。集客力の高さやツーリズム振興への貢献を認められて市の観光局とも手を組み、サウナイベントを新手のアーバン・カルチャーとして首都に定着させた。

【ヘルシンキ・サウナデー】／ヘルシンキ

このように、今日のフィンランド社会で根を張ることに成功した数々の公衆サウナには、「人の居場所」と「街の文化」という観点から、現代社会に寄り添った、多様な存在意義を見出すことができます。ただし、これらの新しい価値のほとんどは、ある普遍的な観念が暗黙のうちに共有されていることにお気づきでしょうか。それは、フィンランド人なら誰もが経験的に持ち、いわばサウナ遺伝子とでも呼びうる、サウナ浴に対する共通感覚です。サウナだからこそ、いつもよりオープンでフラットになれる。サウナだからこそ、自然と自分と他者の心地よさを思いやれる。このような、フィンランドの土着的な民俗文化に宿る共通感覚なしには、そもそもいずれの存在意義も、本意や汎用性を失ってしまうのです。

古来、フィンランド民族の日常生活に深く根ざし、もっとも身近で大切な役割を担っていた、サウナという空間。たとえ時代とともに熱源や形態が変化しても、サウナ浴という慣わしから彼らが享受する充足感や、サウナの中で尊重されるべきモラルや精神性は、もはやタイムレスで内面的ななにか、としか言いようがないのです。

フィンランド人の間でのみ共有されるサウナ遺伝子を、外部の人間がそっくりそのまま理解するのは、本来なら難しいことです。ですが序章の終わりで引いたように、わたしたち日本人とフィンランド人は、偶然にもおのおのの入浴習慣に対して、やすらぎ／きよめ／いやし／たのしみ、の四要素に集約される、まるでそっくりな精神性を受け継いできた民族同士です。そして、この両国の公衆浴場が、極めてよく似た様相や歴史をたどってきたことも、すでに述べたとおり。三章の人物たちの発言は、読者のみなさんも「言われてみれば！」と膝を打つ要素が少なからずあったはずです。とくに銭湯の経営従事者や活性化を志す人は、公衆サウナの実例をそっくり模倣するのは無理でも、なにかしら身近な取り組みへのヒントやエッセンスが見つかったのではないでしょうか。

そうはいっても、なかにはまだ越えられない壁に感じる事例や価値観も含まれていたのでは、と想像します。例えばわたしたち日本人は、つい過剰に他者の視線を恐れたり赤の他人に厳しい態度を貫いたりして、フィンランド人にとっては茶飯事の「他者を信頼する・価値観の違いを認める」という感覚を、そもそも忘れてしまっていないでしょうか。自分と異なる他者の立場や幸福を思いやれない人が力を持つ社会では、おそらく何十年かかっても「ソンパサウナ」や「ヘルシンキ・サウナデー」のような、民間人の良心と自律精神を前提とする万人参加型プロジェクトの実現は難しいでしょう（もちろん入浴の場でのハラスメントは論外です！）。

でも最後にひとつ、そんな困難な世情に光を灯してくれるかもしれない、フィンランド人らしい「考え方のヒント」を差し出したいと思います。

サウナの中に限った話ではなく、フィンランド社会の人間関係においては、「オマ・ラウハ（oma rauha）」という概念が重要視されます。直訳すれば「自分の平和」という意味で、大雑把に解釈すると、いわゆるパーソナル・スペースのことです。

「オマ・ラウハ」の核心にあるのは、自身の意思決定や、ひいては生き方の自由を、他者に規定・干渉されたくないという欲求です。そして、「オマ・ラウハを守るために、他者に対しても寛容になろう」という価値観に基いて、絶妙に言動をコントロールするフィンランド人がとても多いように感じています。

日本で言えば、休暇の取得申請や、託児所の新設、女性の結婚や出産のタイミングをめぐる小競り合いがわかりやすい事例でしょうか。いくら他者の境遇や言動がいまの自分と相容れないから（あるいは妬ましいから）といって、相手のやることなすことに怒りや文句をぶつけ、おせっかいな忠告や干渉ばかりをしていたら、どうでしょう。巡りめぐって、いつか自分自身の境遇やふるまいも誰かに非難され、自由が脅かされるときが来るかもしれない。だったら、日頃から他者の言動や選択には極力干渉せず、相談を受けない限りは放っておくから、その代わり自分が自由に生きる権利もどうぞそっとしておいてください……というのが、彼らの言い分です。ええ、フィンランド人はいまも昔もやっぱり、根は必要以上に他者に関わられるのが苦手な民族なのです（笑）。

他者の生き方に寛容であれというこの価値観は、同時に、自分を取り巻く人びとに対する無条件の信頼を担保します。つまり、「あなたのやり方を全面的に信頼するから、わたしやみんなをがっかりさせる結果はもたらさないでね」という暗黙の契りです。当然それは、自分を信頼してもらっているからには、自分も他者を裏切らないようにしようという良心を促します。

フィンランドという国では、人だけでなく社会システムもまた、国民に対する無条件の信頼に基づいて機能しています（例えば駅に改札を設けないとか、教育や弱者救済への税金投資を惜しまないなど）。この穏便で相互的な信頼感の共有が日本の社会でも浸透すれば、いまさまざまなシーンで生きづらさを感じている人も、少しは楽になれるかもしれません。そして銭湯や入浴文化においても、もっと多彩でワクワクする未来を見出だせる気がしませんか？

二〇一八年現在、ルネッサンスどころか空前のブームの真っただ中にあることは疑いない、フィンランドの公衆サウナ・ムーヴメント。この活況の行方は、次の時代を生きる人びとの意向と創意が、おのずと誘導してゆくはずです。

少なくともフィンランド人が、後世にサウナ遺伝子を受け継いでいく限りは、そして街に自分たちらしいサードプレイスを求め続ける限りは、公衆サウナというユニークな公共施設のかたちはまだまだ更新されていく予感がします。きっとこれからも、サウナ浴のタイムレスな心地よさを根拠に時代に寄り添い、フィンランドの街と人を、あたため続けていくことでしょう。

注1　原題“Yleisen saunan merkitys nyky-yhteiskunnassa - 2010 —luvun Helsingin uusien yleisten saunojen toimintakonseptien perusteella” Ayana Palander, 2015, Jyväskylän yliopisto

［サウナ・アルラ］（p.85）の中庭で外気浴を楽しむ客たち

おわりに

この本の出版が決まったのは、毎年五月にいただく夏休みの直前のことで、実は中央アジア一人旅の最中に、執筆作業に取り掛かりました。まさか、カザフスタンのカラッカラの砂漠地帯や、キルギスの大草原を駆けてゆく遊牧民を横目に、フィンランドのサウナ文化についての長大な原稿を日本語で書くことになるなんて……と、いまでも思い出すたび笑いがこみ上げてきます。続く三章の大部分は、梅雨真っ只中の日本出張中に。さらに、終章を書き上げた二〇一八年夏のフィンランドは、なんと歴史的な猛暑だったのです。クーラーなど存在しない自宅で、ロウリュに頼らず汗をダラダラかきながら、サウナの魅力を伝える言葉を捻り出すのは、内心なんの試練かと思うほど過酷な作業でした(笑)。

長年フィンランドで取り組んできた調査と考察の成果を、日本の浴場業界や銭湯・サウナファンのみなさんに還元したい……という夢が、こうしてようやく成就しました。いや、多くのみなさんの力で、叶えていただきました。ほんとうに、ありがとうございます。とりわけ、このニッチな企画を当初から一緒になって面白がり、ステキな一冊に仕上げてくださった編集者の岩切江津子さんと、装丁・デザインを手がけてくださった佐野研二郎さんと曽我貴裕さん、そして写真家のかくたみほさんへ。キートス、ぜひまた一緒に公衆サウナめぐりしましょう!

二〇一九(平成三一)年一月　こばやし　あやな

■口絵　p.1、pp.4-5、p.8、p.9、p.11、p.12、p.13、p.16（上下）　撮影：かくたみほ

■序章　p.20（右）、p22（右左）、p25（左）　撮影：Eetu Ahanen
p.20（左）、p.23（右）、p29（左）、p.30（右）　撮影：かくたみほ
p.23（左）　提供：October Oy

■一章　p.33、p.42（右左）、p.43（右）、p.46（左）　撮影：kuvio.com　©Löyly
p.37（右）、p.45（右）　撮影：Mikko Ryhänen / Joanna Laajisto Creative Studio　©Löyly
p.37（左）、p.39（右左）、p.47（右）、p.48（右左）　撮影：かくたみほ
p.38（左）　撮影：Alexander Lembke
p.41（左）　©BURGER KING®
p.43（左）、p.47（左）　撮影：Archmospheres.com　©Löyly
p.44　Avanto Architects Ltd提供資料をもとに筆者作成

■二章　p.49　撮影：Brander Signe HKM　所蔵：Helsinki City Museum
p.50（右）、p.53（左）、p.54（上）　所蔵：Helsinki City Museum
p.50（左）　撮影：Riis Charles　所蔵：Helsinki City Museum
p.51（右）、p.62（右）　撮影：Grünberg Constantin　所蔵：Helsinki City Museum
p.54（下）　撮影：Wilkman W W　所蔵：Helsinki City Museum
p.55（右左）、p.61（右）　撮影：Heinonen Eino　所蔵：Helsinki City Museum
p.56（右）、p.66（右左）　撮影：Andersson Nisse　所蔵：Helsinki City Museum
p.56（左）、p.58（左）、p.59（右下）、p.61（左）　撮影：Hakli Kari　所蔵：Helsinki City Museum
p.58（右）、p.59（上）　撮影：Nisonen Pertti　所蔵：Helsinki City Museum
p.60（右）、p.67（右）　撮影：かくたみほ
p.60（左）　所蔵：Jyväskylä University Library
p.62（左）　撮影：Olympia-kuva Oy　所蔵：Helsinki City Museum
p.63（右）　撮影：Kannisto Väinö　所蔵：Helsinki City Museum
p.63（左）　©Metos Oy Ab
p.64（右）　撮影：Sundström Olof　所蔵：Helsinki City Museum
p.64（左）　出典：会報誌「Löyly」（フィンランド民間公衆サウナ連盟、1960年刊行号）
p.65（左）　撮影：Bonin Volker von　所蔵：Helsinki City Museum
p.67（左）　©Lonnan Sauna

■コラム　①（右）、②（右）、③、⑤（左上）（右上）　撮影：Alexander Lembke
②（左）、④、⑤（下）、⑥（右左）　撮影：Ari Johansson　©Rajaportin sauna
p.70　撮影：かくたみほ

■三章　p.71　撮影：かくたみほ
[File_1]
p.73、p.76（上下）、p.77（中）（下）、p.78（右上）、p.80（左下）、p.81、p.84（上下）　撮影：かくたみほ
p.77（右上）　撮影：Alexander Lembke
p.77（左上）　撮影：Ari Johansson　©Rajaportin Sauna
p.80（上）（右下）　©Rajaportin Sauna
[File_2]
p.85、p.88（すべて）　撮影：かくたみほ
p.87（右上）（左）　撮影：Tero Jartti
p.87（右下）　撮影：Koski Maria HKM　所蔵：Helsinki City Museum
p.91　©Mertor man「Arla1.jpg」2016　https://commons.wikimedia.org/wiki/File:Arla1.jpg
表示 - 継承 4.0 国際 (CC BY-SA 4.0) で公開　https://creativecommons.org/licenses/by-sa/4.0/deed.ja
p.93（右左）　撮影：Kimmo Helistö
p.94　撮影：Ilvy Njiokiktjien
p.96　©Uusi Sauna
[File_3]
p.97、p.101（左）、p.103　所蔵：Alvar Aalto Foundation
p.108　©OOPEAA
[File_4]
p.109、p.112（すべて）、p.116、p.120　撮影：かくたみほ
p.111、pp.118-119　撮影：kuvio.com　©Löyly
p.117　撮影：Archmospheres.com　©Löyly
[File_5]
p.121、p.124（上下）、p.125、p.128（右中）（右下）（左下）、p.129（下）　撮影：かくたみほ
p.128（上）　撮影：Kimmo Raitio
p.128（左中）、p.129（上）　撮影：Seppo Enarvi
p.132　©Olimar「Sompa sauna instructions Don't be stupid.jpg」2016
https://commons.wikimedia.org/wiki/File:Sompa_sauna_instructions_Don%27t_be_stupid.jpg
表示 - 継承 4.0 国際 (CC BY-SA 4.0) で公開　https://creativecommons.org/licenses/by-sa/4.0/deed.ja
[File_6]
p.133　撮影：かくたみほ
p.135、p.136（すべて）、p.138、p.140、p.141、p.144　撮影：Eetu Ahanen
p.143　©Helsinki Sauna Day

■四章　p.145、pp.156-157　撮影：かくたみほ

※特記なきものは筆者撮影もしくは関係者の提供による

こばやしあやな

サウナ文化研究家

1984年岡山生まれ、大阪・神戸育ち。大阪大学大学院に在学中、フィンランド・ヘルシンキ工科大学(現アールト大学)建築学科に1年間留学し、帰国後からフィンランド語の独学を始める。東京で2年あまり雑誌編集者として働いたのち、2011年にフィンランド中部地方のユヴァスキュラ市に移住し、ユヴァスキュラ大学人文学研究科で芸術教育学を専攻する(副専攻はフィンランド語、音楽教育学)。2013年より生活情報総合サイト・オールアバウトのフィンランド・ガイドとして記事執筆を開始。同時期に「Suomiのおかん」の屋号を掲げて、フィンランド在住コーディネーター、ライター、通訳・翻訳者としての活動を本格化させる。2016年にユヴァスキュラ大学大学院修士課程を首席で修了。卒業後にフィンランドでJapanin Koordinaatio Ayana社を立ち上げ、以後はおもに在住メディアコーディネーターとして、撮影取材の帯同サポートをメインビジネスとしている。いっぽうで、大学院での研究実績を活かし、日本とフィンランドの入浴・公衆浴場文化のインタラクションを促進する活動にも積極的に取り組んでいる。

公衆サウナの国フィンランド

街と人をあたためる、古くて新しいサードプレイス

2019年01月10日　第1版第1刷発行
2021年03月20日　第1版第3刷発行

著　者　こばやしあやな
発行者　前田裕資
発行所　株式会社　学芸出版社
京都市下京区木津屋橋通西洞院東入
〒600-8216　TEL:075-343-0811
http://www.gakugei-pub.jp/
E-mail:info@gakugei-pub.jp

装丁・デザイン　佐野研二郎(MR_DESIGN)
曽我貴裕(MR_DESIGN)
印刷・製本　シナノパブリッシングプレス

ISBN978-4-7615-2694-8　Printed in Japan